대구의 인물과 나무

| 지은이 | 심 후 섭

경북 청송에서 태어나 대구교육대학과 경북대학교 교육대학원,
대구가톨릭대학교 대학원을 졸업하고
교육학박사학위를 받았습니다.
저서로는 동화집『만 권을 읽고 만 리를 걸어야 한다는데』등 50여 권의 책을 내었고,
지금은 대구광역시교육청 교육과정정책과장과
대구교육대학교 겸임교수로 일하고 있습니다.

대구의 인물과 나무
ⓒ 심후섭 2010

지은이 | 심후섭
펴낸이 | 신중헌
펴낸곳 | 도서출판 학이사

초판1쇄 인쇄 | 2010년 6월 25일
초판1쇄 발행 | 2010년 6월 30일

주소 | 700-820 대구광역시 중구 동산동 7번지
전화 | 053-554-3431~2
팩스 | 053-554-3433
홈페이지 | http://www.학이사.kr
ISBN 978-89-93280-23-4 03900

• 이 책은 대구경북연구원의 지원을 받아 집필되었습니다.

대구의 인물과 나무

심후섭 지음

우리는 누구의 곁에 서 있는가

'누구에게 배웠는가도 중요하지만 누구와 함께 하였는가는 더 중요하다' 는 구절을 읽은 적 있습니다.

우리 고장에는 수많은 선조들이 이 땅을 기름지게 가꾸어 왔습니다. 꿋꿋한 기상으로 혹은 헌신적인 사랑으로, 또는 깊은 학문으로 자신의 세계를 열었을 뿐 아니라 우리 고장을 사랑해 왔습니다. 그리고 이러한 사랑은 지금도 우리 곁에 숨 쉬고 있습니다.

그러나 우리들은 그러한 선조들의 숨결을 제대로 느끼지 못하여 그 가르침을 따라가지 못하는 경우가 많습니다. 그리하여 후손으로서의 자랑스러운 긍지를 가질 수 있음에도 놓치게 되는 경우도 있습니다.

예를 들면 대구의 경우, 달성공원에는 달성공원 일대를 나라에 바치는 대신 대구부민들의 세금을 탕감시키는 데 앞장섰던 자선가 서침(徐沈) 선생을 기리는 아름드리 회화나무가 서 있지만 모르고 그냥 지나치는 경우가 많습니다. 만약 이 나무의 유래를 알고 나무 앞에 선다면 답사의 기쁨도 커질 뿐만 아니라 자랑스러운 조상의 정신을 깊이 이해하는 계기가 될 것입니다.

이에 대구광역시에서는 역사적인 인물과 결부시킨 나무를 많이 지정해 놓고 있습니다. 이를 테면 '의병장 최동집 나무', '고려 개국공신 신숭겸 장군 나무', '근대화가 이인성 나무', '작곡가 현제명 나무' 등 20여 그루가 그것입니다.

그러나 아직도 많은 나무들이 기다리고 있습니다. 우리 고장의 역사적 인물을 찾아 그와 연고가 있는 나무에게 이름을 붙여주는 작업은 선조의 소중한 정신을 이어받는 계기가 된다는 점에서 매우 의의 깊은 사업이라고 할 수 있습니다.

그리고 이를 안내하면 우리 고장에 대한 이해를 높일 수 있게 되리라 믿어 감히 이 책에 매달리게 되었습니다.

이 책은 (재)대구경북연구원의 원고료 지원에 의하여 집필되었음을 밝힙니다. 이에 대해 깊이 감사드리고, 부족한 원고를 받아 기꺼이 출판해 주신 도서 출판 학이사의 신중현 사장께도 깊이 감사드립니다. 또한 무엇보다도 이 책은 전 대구광역시 녹지과장과 초대 대구수목원 원장을 지내시면서 대구의 역사 인물 나무 지정에 선도적인 역할을 하신 이정웅 선생님의 지도에 힘입은 바 크므로 이에 대해 깊이 감사드립니다.

아무쪼록 이 글이 시민은 물론 학생들에게 참고가 되기를 기대합니다.

심 후 섭

북구

중구

동구

효자 강순항 / 인악대사 / 김락 장군 / 신숭겸 장군 / 태조 왕건 / 심지대사 / 현응대사
영조 임금 / 대문장가 서거정 / 대암 최동집과 백불암 / 의병장 황경림 / 성철스님

독수리도 알아주었다
효자 강순항

    대구 동구 평광동 입구에는 도로 한복판에 아름드리 버드나무가 서 있고, 그 왼쪽길로 들어서면 사과밭 너머에 작은 정려각 하나가 자리하고 있습니다. 이 정려각은 이 마을에 살면서 효행을 다한 강순항을 기리기 위한 정려각입니다. 지방 문화재 자료 제35호로 지정되어 있는데 진주 강씨(晉州 姜氏) 사정공파 문중에서 관리하고 있습니다.

    현판에는 '孝子崇政大夫行同知中樞府事姜順恒之閭 崇禎紀元後四乙未十一月日(효자숭정대부행동지중추부사강순항지여 숭정기원후사을미십일월일)' 로 되어 있어 조선 순조 임금에 의해 '숭정대부행동지중추부사(崇政大夫行同知中樞府事)' 에 임명되었고, 순조 30년(1830년)에 건립되었음을 알 수 있습니다. 강순항은 그의 지극한 효행으로 부인 및 조상 삼대가 각종 관직을 추증 받았다고 기록되어 있습니다.

    여러 기록에 따르면 강순항은 어려서부터 효성이 지극하였습니다. 그것은 그의 아버지로부터 배운 것이었습니다.

강순항 정력각(대구 평광동)

　강순항의 아버지도 효성이 지극하였습니다. 강순항의 아버지는
시장에 반찬을 사러 가면 아버지에게 드릴 생선을 먼저 샀습니다.
언제나 가게에서 제일 큰 생선을 샀는데 돈을 달라고 하는 대로
다 주고 사는 것이었습니다. 그리고는 작은 생선도 샀는데 그럴
때에는 으레 값을 깎아달라고 부탁을 하였습니다. 생선 장수가 의
아하게 여겨 물으면 이렇게 대답하는 것이었습니다.

　"네, 아까 산 것은 아버지께 드리기로 하였기 때문에 제일 큰 것
을 하나도 깎지 않고 제값대로 다 주고 산 것입니다. 그러나 이번
에 사는 것은 우리가 먹을 것이기 때문에 값도 깎고 또 작은 것을
사려는 것입니다."

　강순항은 이러한 아버지의 모습을 보면서 효도가 무엇인가를
배우며 자랐던 것입니다.

강순항의 아버지가 어느 해, 이름 모를 병에 걸려 자리에 눕게 되었습니다.

강순항은 아버지의 병구완을 위해 있는 힘을 다했으나, 아버지는 계절이 바뀌는 것도 못 알아 볼 정도로 병이 점점 더 깊어만 갔습니다.

"얘야! 왜 이렇게 참외가 먹고 싶은지 모르겠구나."

흰 눈이 펄펄 내리는 겨울이라 분명, 참외는 구할 수 없다는 것을 알았지만 가만히 있을 강순항이가 아니었습니다. 어떻게 해서든 아버지를 위해서 참외를 구해야겠다고 마음먹었습니다.

강순항은 참외 농사를 많이 짓는 마을을 찾아 길을 나섰습니다. 가야산 아래 따뜻한 마을을 찾아갔습니다. 그곳에서 두엄 더미를 살펴볼 요량이었습니다. 과연 어느 마을에 가니 두엄 무더기 위에 참외 덩굴을 걷어 가득 쌓아둔 것이 보였습니다. 참외 덩굴을 썩혀서 퇴비로 할 모양이었습니다. 혹시 그 속에 참외가 있을지도 모른다고 생각하고 있었던 것입니다.

강순항은 곧 주인에게 사정을 말하고 참외 덩굴을 뒤지기 시작하였습니다. 위에 있는 덩굴은 모두 얼었거나 썩어 있었습니다. 한나절이 넘도록 뒤져 점점 밑으로 내려가니 아니나 다를까 누렇게 익은 참외가 세 개나 달려있는 덩굴이 나왔습니다. 주인이 참외덩굴을 걷어 버릴 때에는 파랗던 참외가 그동안 익은 것이 분명하였습니다.

강순항은 뛸 듯이 기뻐하며 참외를 품고 집으로 달려와 아버지께 드렸습니다. 강순항의 아버지는 참외를 맛있게 먹고는 곧 정신을 차렸습니다. 그리고 점점 입맛을 되찾기 시작하였습니다.

그 이듬해에는 그의 어머니가 병에 걸려 일어나지 못하였습니다. 강순항은 어머니에게 맛있는 쇠고기 국을 끓여 드리려고 나무를 해 짊어지고 읍내로 나갔습니다. 강순항은 나무를 팔아 쇠고기를 한 근 샀습니다. 그리고는 서둘러 집으로 향하였습니다.

'빨리 집으로 가야 해. 어머니께서 빨리 일어나셔야 할 텐데. 큰 걱정이야. 아침에 올 때 뵈오니 나를 잘 몰라보시는 것 같았어. 기운이 부족하신 탓이야.'

강순항은 어머니가 걱정되어 땀을 뻘뻘 흘리며 고갯마루로 올라섰습니다. 숨이 턱턱 막히게 더워 도저히 앞으로 더 나아갈 수가 없었습니다.

'큰일이다. 이러는 동안에 어머니께서 무슨 변이라도 당하신다면…….안 돼, 더 빨리 걸어야지.'

강순항은 다시 걸음을 재촉하였습니다.

그 때였습니다.

난데없이 검독수리 한 마리가 쏜살같이 내려오더니 강순항의 지게에 매달아 놓은 고깃덩이를 채어가 버리는 것이었습니다.

"아니, 저 놈의 독수리가! 그것은 우리 어머니께 드릴 약이란 말이야. 약! 이 나쁜 놈아!"

강순항은 지게 작대기를 휘두르며 뒤따라갔지만 높이 날아오른 독수리를 잡을 수는 없었습니다. 하는 수 없이 강순항은 털썩 주저앉아 울었습니다.

"이 일을 어찌하면 좋아? 다시 나무를 해다 시장에 가려면 해가

저물 텐데……."

강순항은 엉엉 울다가 하는 수 없이 일어나 집으로 향하였습니다. 그런데 집으로 들어서니 고깃국 냄새가 술술 풍겨 나오고 있었습니다.

'아니 어찌된 셈이지?

얼른 어머니의 방문을 열어보니 어머니가 고깃국을 먹으면서 기운을 차리고 있었습니다.

"여보, 이게 어찌 된 일이오?"

"글쎄, 어머님께서 정신을 못 차리시기에 제가 물이나마 끓여 드리려고 부엌에 들어서려니까 난데없이 독수리 한 마리가 나타나 입에 물고 있던 고깃덩이를 떨어뜨려 주는 게 아니겠습니까? 그래서 얼른 끓여 어머니께 드렸더니 이제 겨우 다시 정신을 차리기 시작하시는군요. 만약 그때 독수리가 고깃덩이를 떨어뜨려 주지 않았더라면 큰일 날 뻔했어요."

"그랬군요. 여보, 정말 고맙소."

강순항은 그제서야 마음을 놓았습니다.

그러나 강순항의 아버지와 어머니는 연세가 많아지자 강순항이 지극한 정성으로 모셨음에도 불구하고 모두 세상을 떠나고 말았습니다.

강순항은 너무나 슬픈 나머지 식음을 전폐하다시피하며 정성들여 장례를 치렀습니다. 그리고 묘 옆에 움막을 짓고, 3년 동안이나 지성으로 시묘를 하였습니다.

이 사실이 조정에 알려졌습니다. 그리하여 나라에서 정려각과 벼슬을 내렸습니다.

이에 그 정려각에서 바라다 보이는 아름드리 버드나무를 '효자 강순항 나무'로 이름 붙이고 그의 효행을 기리고자 감히 제안합니다.

버드나무는 부드러운 나무라는 뜻을 가진 '부들나무'가 변해서 된 이름이라고 알려져 있습니다. 귀신이 싫어하는 나무로는 엄나무, 주엽나무 등 가시가 많은 나무가 있는데 귀신이 좋아하는 나무로는 느티나무와 버드나무 등과 같이 줄기가 굵고 줄기에 오래된 구멍이 많은 나무라고 합니다. 그러나 그보다는 그만큼 모든 것을 받아들이는 넓은 품성을 지녔기 때문이 아닌가 합니다.

평광동 입구의 왕버들 나무
(왼쪽으로 강순항 정려각이 있음)

합자연의 경지에 이르렀다
학승 인악 대사

동화사 봉서루(鳳棲樓) 입구에 서 있는 약 500여 년 된 큰 느티나무는 오늘도 변함없이 이 절을 찾는 방문객들을 반갑게 맞이하고 있습니다. 특히 절의 옛날 입구인 계곡에서 땀을 뻘뻘 흘리며 올라오는 구도자들에게 더 없이 짙은 그늘을 베풀어주고 있습니다.

동화사 경내의 인악대사 나무(느티나무)

16

이 나무는 이 절에서 큰 학문적 업적을 이룬 인악대사(仁岳大師, 1746~1796년)를 기려 인악대사 나무로 불리고 있습니다.

인악 대사는 달성군 화원읍 본리리, 오늘날의 인흥 마을에서 태어났는데 속가의 이름은 의첨(義沾)이었습니다. 아버지는 성산인(星山人)으로 이휘징(李徽

팔공산 동화사 인악당

澄)이고 어머니는 달성 서씨(達城 徐氏)였습니다.

무슨 글이나 세 번만 읽으면 잊지 않을 만큼 재주가 뛰어나 사람들로부터 신동이라는 소리를 들었다고 합니다. 성장하여서는 학문에 뜻을 세우고 18세에 인근에 있는 용연사(龍淵寺)에 들어가 공부하다가 불가(佛家)의 청정한 법을 보고, 23세에 스님이 되어 많은 절을 찾아 정진하다가 마침내는 처음에 머리를 깎은 용연사 명적암에서 51세를 일기로 입적하였다고 합니다.

인악대사는 《화엄사기(華嚴私記)》,《원각사기(圓覺私記)》,《인악집(仁岳集)》 등 많은 저술을 남겨 불교 경전을 깊이 있게 연구한 학승(學僧)으로 존경 받았습니다. 사기(私記)는 경론(經論)을 강의하면서 여러 학설을 모으고 자기의 견해를 덧붙인 것을 말합니다. 그러므로 사기(私記)가 많다는 것은 학문에 자기화가 많았다는 것을 말합니다.

그리하여 동화사 금당선원 앞에는 인악대사의 업적을 기리기 위해 '인악당(仁岳堂)' 이라는 비각이 세워졌는데 이 비석의 귀부(龜趺)가 일반적으로 조성되는 거북 형태와 달리 봉황으로 독특하게 만들어져 있는 것으로 보아 남다른 대접을 받았다는 것을 짐작할 수 있습니다.

또한 동화사를 빛낸 스님들의 영정을 모셔둔 조사전(祖師殿)에는 대사의 진영(眞影) 위치가 보조국사나 사명당 등 이름난 스님을 제치고 동화사를 개산한 극달화상(極達和尙) 바로 옆에 걸려있는 것도 대사가 얼마나 높이 칭송받았는가를 알 수 있는 증거입니다.

정조(正祖)가 인악대사에게 아버지 사도세자의 원당(願堂)인 수원의 용주사 창건을 주관하게 한 것이나, 대사가 지은 용주사 제신장문(龍珠寺祭神將文)을 보고 조선 제일의 문장가 라고 격찬하며 '홍제(弘濟)' 라는 호를 헌사한 것만 보아도 대사의 비범함을 알 수 있습니다.

용연사 적멸보궁

그러나 아쉽게도 우리나라 고승들의 행적을 기록한《동사열전(東師列傳)》이나 동화사 사적기, 그가 태어난 고장의 내력을 기술한《달성군지(達城郡誌)》심지어는 그가 몸 빌려 태어난 성산 이씨(星山李氏)의 족보(族譜)에서조차 아무런 흔적이 남아있지 않고 오직 유작(遺作)인《인악집》을 통해 시 72편, 편지 35편, 평설 20편이 남아있을 뿐입니다.

아마도 이는 구차하게 자신의 흔적을 남기기보다는 공수래공수거(空手來空手去)의 자연적인 삶을 그대로 실천했기 때문이 아닌가 합니다.

조선시대 학자 홍직필(洪直弼)이 서문을 쓴《인악집》과 1808년 김의순(金義淳)이 쓴 비문에만 위와 같은 그의 이력이 잠시 나타나 있을 뿐입니다.

특히 대사가 남긴 사기(私記)는 오늘날에도 주요 강원(講院)에서 교재로 활용된다하니 그의 풍부한 선(禪)지식을 짐작할 수 있습니다. 그리고 스님이 남긴 시문(詩文)이 너무도 아름답고 깊이가 깊어 많은 사람들에게 애송되고 있습니다.

대사가 남긴 '추석날 밤 혼자 있는 느낌' 을 소개하면 다음과 같습니다. 이 시는 이종찬(1933~) 교수가 번역한 것으로, 전 대구시녹지과장이신 이정웅 선생의 책에서 옮긴 것입니다.

밤 깊자 옷자락 싸늘하고 산도 비었으니 세상 더욱 맑아라
정도 많은 저 달, 서로 친구 되어 새벽까지 함께 하네

이종찬 교수는 역주(譯註)에서 제목은 '혼자 있음' 이지만 결코 혼자 있는 것이 아니라, 주변의 자연과 하나 되어 있다고 하였습니다. 여기에서 유달리 친구가 된 것이 달입니다.

그리고 시 전체를 통해 자연은 문자로서 자연이 아니라 대사 자신이 바로 자연의 일부임을 나타내고 있음을 볼 수 있다고 하였습니다. 그야 말로 합자연(合自然)의 경지에 이르렀던 것입니다.

그런데 필자의 개인적인 의견으로는 임진왜란 당시 이곳 동화사에 승병 본부가 있었고 그 본부장으로 사명당이 크게 활약하였던 만큼 사명당 나무도 이곳에 한 그루 지정하는 것이 어떨까 합니다.

그리고 인악대사 나무는 용연사 적멸보궁 초입 왼쪽 편에 대사의 부도(浮屠)가 있는 만큼 용연사에 있는 고목 한 그루를 인악대사 나무로 지정하면 어떨까 하는 생각이 있습니다.

느티나무는 우리 4대 장수목 중의 하나로 그 쓰임새가 매우 넓습니다. 그 옛날 원삼국시대의 경산 임당고분 및 경주 황남대총에서 발굴된 관재(棺材)가 바로 느티나무입니다. 뿐만 아니라 완도 어두리에서 발견된 고려초 화물운반선의 선체 저판, 무량사와 화엄사 및 제주도의 조선 후기 향교인 관덕정의 기둥을 비롯하여 고급가구재, 기구재, 선박재, 조각재 등 그 쓰임새가 매우 다양하였습니다. 특히 우리나라 전통가구재로서는 오동나무, 먹감나무와 더불어 3대 우량재로 인정받고 있습니다.

〈도이장가(悼二將歌)〉를 낳게 하였다
고려 개국 공신 김락 장군

　여름에 대구 동구 지묘동 332-1번지 동화천변에 가보면 많은 사람들이 짙은 그늘을 드리우고 있는 큰 느티나무 한 그루를 볼 수 있습니다. 이 그늘에서 많은 주민들이 더위를 피하고 있습니다. 심지어는 택시도 세워놓고 기사분들이 쉬고 있는 모습을 자주 볼 수 있습니다.

　이 나무는 높이가 약 10m, 가슴 높이 둘레의 길이는 3.6m나 되는데 대구광역시 동구에서 지정한(2-5호) 수령 250년의 보호수입니다.

　나무가 서있는 곳은 동수전투(桐藪戰鬪, 공산전투로도 불림) 당시 살내〔箭灘〕라고 불리던 곳과 맞붙어 있습니다. '살내'라는 이름은 이곳에서 후백제 견훤 군사와 고려 태조 왕건의 부대가 맞붙었을 때에 화살을 얼마나 많이 쏘아댔던지 화살이 물에 떠내려가는 바람에 물이 제대로 흘러내리지 않았다 하여 붙여진 이름이라고 합니다.

　이곳에서 왕건 휘하의 장수였던 신숭겸(申崇謙)과 김락(金樂)

김락 장군 나무(느티나무)

장군이 주도적으로 이 난국 타개를 모색하게 됩니다. 그것은 바로 위기에 처한 그들의 주군(主君)인 왕건(王建)을 살리기 위하여 신숭겸 장군이 왕건의 복장을 하고 왕건처럼 싸울 동안 왕건이 피신을 한다는 묘책이었습니다.

훗날 이 동네 이름이 지묘동(智妙洞)으로 불리는 것은 이처럼 지략(智略)과 묘책(妙策)을 내었다는 것에서 비롯되었다고 합니다. 그럼에도 불구하고 왕건의 군사는 대패를 하게 됩니다. 그리하여 지묘동 앞의 고개를 파군재〔破軍峴〕라고 부르게 되었습니다.

파군재는 원래 군사가 깨어진 언덕이라 하여 파군치(破軍峙)라고 불리다가 사람들이 점점 많이 다니게 되고부터 고개〔峴〕로 불리게 되었다고 합니다.

이곳에서 신숭겸, 김락 등 주요 장수들이 사력을 다할 동안 왕건은 피신하여 마침내 목숨을 구할 수 있었습니다. 왕건으로 보았을 때에 이곳은 자신의 목숨이 새롭게 태어난 유서 깊은 곳이었습니다.

그리하여 유명한 고려가요 〈도이장가(悼二將歌)〉가 태어나게 되는데 바로 이곳이 그 무대가 되는 곳입니다. 노래 속의 두 장군은 바로 신숭겸과 김락 장군을 가리킵니다.

〈도이장가〉는 현존하는 것 중에서 임금이 지은 것으로는 가장 오래된 향가로, 제작 연대와 제작 경위가 밝혀져 있다는 점에서 문학사적인 의의가 매우 크다고 합니다. 〈도이장가〉 원문은 다음과 같습니다.*

김락 장군 나무(느티나무)

님의 목숨을 온전하게 하신
마음은 하늘가에 미치고
넋은 가셨지만
내려주신 벼슬은 또 대단하구나
바라보면 알리라
그 때의 두 공신이여
오래 되었으나
그 거룩한 자취 영원하도다

---

* 양주동(梁柱東), 麗謠箋注. 서울 乙酉文化社, 1987

이후, 왕건은 이곳을 신숭겸 후손에게 하사하고 절과 사당을 지어 신숭겸을 추모하게 됩니다. 그러나 김락 장군에게는 그가 전사한 곳이 아닌 평안북도 당악군 일대를 후손에게 식읍으로 내립니다. 그리하여 김락 장군의 흔적은 평안도에 많이 있습니다.

왕건에 의해 김락은 당악 김씨(唐岳 金氏)의 시조가 됩니다. 김락 장군은 신라 46대 문성왕(文聖王)의 5세손이지만 새로운 세상에서 신숭겸과 함께 왕건을 위해 장렬한 최후를 마칩니다.

따라서 〈도이장가〉의 무대가 된 지묘동 동화천변에 서있는 노거수 느티나무를 김락 장군 나무로 부르며 그의 충절을 추모하고자 합니다.

하나뿐인 목숨을 바쳤다
장절공 신숭겸 장군

　대구 공항을 지나 팔공산으로 들어가는 갈림길 비탈에 장검을 굳게 짚은 장군 상이 하나 우뚝 서 있습니다. 이 동상이 바로 그 유명한 동수회전(桐藪會戰)에서 자신이 모시던 왕건을 대신해서 장렬히 목숨을 바친 신숭겸(申崇謙) 장군의 동상입니다.

　어느 한 사람이 큰 인물이 되기 위해서는 때를 잘 만나야하고, 주변 사람들의 도움을 잘 받아야 하는데, 이렇게 본다면 고려 태조 왕건(王建)도 이에 해당한다고 봅니다. 왕건은 당시 집권자인 궁예가 포악해져 민심을 잃자 신숭겸, 홍유, 복지겸, 배현경과 같은 훌륭한 장수들의 추대로 고려 태조가 되기 때문입니다.

　뿐만 아니라 왕건은 죽을 처지에 이르렀지만 충성스러운 신하들이 대신 사지에 뛰어듦으로써 다시 살아나기도 합니다. 왕건을 사지에서 구한 대표적인 인물이 바로 신숭겸 장군입니다. 신숭겸 장군은 자신의 주군이 사지에 몰리자 갑옷과 투구를 바꾸어 입고 말을 갈아타고 위장술을 펼쳐 적과 싸우다가 마침내 장렬히 목숨을 바칩니다.

신숭겸 장군은 어릴 때의 이름이 능산(能山)으로 출생지가 광해주(오늘날 춘천)로 기록된 자료도 있으나, 전라남도 곡성군 목사동면 구룡리 소재 용산재(龍山齋)에 태(胎)를 묻은 단소(壇所)가 설치된 것으로 보아 남도 출신으로 보는 이도 있습니다.

일찍이 궁예 밑에서 기장(騎將)으로 활동했고 활쏘기 실력이 신기(神技)에 가까워 태조와 함께 황해도 평산을 지나다가 날아가는 기러기를 보고 명한대로 왼쪽 날개를 맞추자 그 일대의 땅을 궁위전(弓位田) 즉, 활 재간에 감탄해서 하사하였다고 합니다. 그리하여 이 땅을 그의 관향으로 삼아 훗날 평산 신씨(平山 申氏)의 시조가 되었다고 전해지고 있습니다.

비록 공산전투에서 처절하게 패배했지만 대신 죽은 신숭겸 장군의 영혼을 위로하기 위해 신숭겸 장군의 시신을 수습하여 묘를 설치하고 지묘사(智妙寺)를 지어 추모하게 됩니다. 고려 개국 일등 공신인 신숭겸 장군은 당시 최고 관직인 태사(太師)로 모셔지고 또한 장절공(壯節公)이란 시호를 받게 됩니다.

그 후 고려가 제자리를 찾게 되자 왕건은 다시 신숭겸 장군의 유골을 거두어 우리나라 4대 명당 중 하나라는 춘천시 서면 방동리에 예장(禮葬)하게 됩니다.

이 신장절공 묘역은 강원도 기념물 제21호로 지정되어 있습니다.

이 장절공 묘의 특이한 점은 1인 1봉분의 일반적인 조성방법과 달리 특이하게도 3개의 봉분을 설치하여 어느 봉분에 진짜 시신이 누워있는지 알지 못하게 하여 도굴을 방지하였다고 합니다.

지묘동 신숭겸 장군상

지묘동 소재 신숭겸 장군의 묘역과 장절공 나무(배롱나무)

그 후, 세월이 흘러 이곳 팔공산의 지묘사가 피폐해지자 1607년(선조 40년) 당시 경상도 관찰사 유영순(柳永詢, 1552~?)이 사당을 지어 신숭겸 장군을 모시도록 하였으나 끝내 퇴락하자 도내 유림들에 의해 충렬사(忠烈祠)로 고쳐 지었다가 다시 1672년(현종 13년) 표충사(表忠祠)라는 사액을 받아 현재에 이르고 있습니다.

표충사 울타리 안 장절공 옛무덤 둘레에는 장군을 위로하는 배롱나무가 대여섯 그루 심겨져 있습니다. 이 배롱나무는 장절공의 충절인양 해마다 붉은 꽃을 피우는데 400여 년 된 것으로 추정되고 있습니다.

이에 대구광역시에서는 이 배롱나무를 '신숭겸 장군 나무'라 명명하고 장군의 충성심을 기리고 있습니다.

배롱나무는 흰색 꽃도 있으나 자미화(紫微花)라고도 불릴 만큼 붉은 꽃이 많습니다. 붉은 꽃이 오래 피어있으므로 일편단심을 상징한다고 보아 사당이나 묘 둘레에 많이 심고 있습니다. 또한 배롱나무는 나무 꽃을 보기 힘든 여름에 꽃을 오래도록 피워 나무백일홍이란 이름으로도 불립니다.

대구는 고려 건국의 발판이었다
고려 태조 왕건

　동구 지묘동 신숭겸 장군 유적지 안에 400여 년 된 큰 팽나무 한 그루가 서있습니다. 대구광역시에서는 이 나무를 고려 태조 왕건 나무로 부르고 있습니다.

　왕건이 이곳에서 후백제 견훤과 역사의 분수령이 되는 일전을 벌이면서 간신히 목숨을 구해나간 곳이기 때문입니다.

　태조 왕건 군사와 견훤의 군사가 처음으로 마주친 곳은 지금까지 일부 사람들이 주장하는 북구 무태(無怠)와 달리 은해사 입구의 한 산봉우리 태조지(太祖旨)라고 보는 사람들이 많습니다. 이곳은 견훤이 경주를 유린하고 영천을 거쳐 회군하는 길목이자, 개성에서 조령, 문경, 용궁, 의흥, 신령, 영천, 경주를 잇는 주요 교통로이기 때문입니다.

　태조 왕건은 이 길을 통해 정예기병 5천명을 이끌고 왔지만 먼 길을 오느라고 지쳐 있는데 비해, 신라를 유린하고 많은 전리품을 챙겨 사기가 충천한 견훤군에게 처음부터 밀렸던 것입니다. 따라서 왕건은 능성재와 백안을 거쳐 무태까지 후퇴와 후퇴를 거듭했

지묘동 왕건나무 (팽나무)

다고 볼 수 있습니다. 반면에 첫 전투에서 승기를 잡은 견훤은 병사들의 사기를 올리기 위해 나팔을 불며(나팔고개) 뒤따르니 더 이상 물러설 수 없는 왕건은 무태에서 대오를 정비한 다음 반격을 시도하였는데 이때에 신숭겸과 김락 장군이 이끌고 온 지원군의 합류로 병력이 증강되었다고도 합니다.

이때에 살내〔箭灘, 지묘천과 동화천이 만나는 곳〕를 사이에 두고 양측이 쏜 화살이 내(川)를 이룰 정도로 치열하게 전개했으나 왕건은 대패(왕산, 파군재)하여 목숨마저 위태로운 처지에 이르렀던 것입니다. 이때 신숭겸 장군이 왕건의 옷을 바꿔 입고 어가(御駕)를 타고 견훤군을 유인하는 사이에 왕건은 탈출을 시도하여 혼자 한 바위에 앉았다가 도동 측백나무 숲 앞을 지나 평광동으로 잠입하여 초례산에 오른 것으로 추정됩니다. 이 때 앉았던 바위는 봉무동 봉무정 앞에 있는 독좌암으로 추정됩니다.

왕건은 초례봉에 올라 흩어진 병사들을 모아 천지신명에게 제사를 올리고 마지막 일전을 각오하고 다시 견훤을 치러 미리사 앞까지 진격했으나 아쉽게도 여기에서도 밀려 마침내 좌상 김락 마저 잃는 또 한 번의 비운을 맞고 맙니다.

그 후의 왕건은 금호강을 건너 시내로 들어가 앞산 일대로 숨어들어 은적사, 안일사, 왕굴, 임휴사 등에서 간간히 휴식을 취하다가 개경으로 복귀한 것으로 추정됩니다.

복귀 경로로는 다사를 통해 성주를 거쳐 가지 않았는가 합니다. 다사 지역에는 왕쉰이 고개와 왕쉰들이 있는데 기록에 의하면 왕건이 쉬어간 고개와 들판이라 하여 붙여진 이름이라고 합니다.

그러니 결국 왕건은 무태- 나팔고개- 살내- 지묘(신숭겸 장군 유적지) - 파군재 - 독좌암 - 도동 - 신숭겸장군영각유허비(미리사지) - 초례봉 - 청천 - 반야월 - 안심 - 앞산 - 다사 지역 순으로 이동한 것으로 보입니다.

지묘동 신숭겸 장군 묘역 뒤쪽 표충사 앞에는 잔가지가 많이 나 있기는 하지만 아름드리 팽나무 한 그루가 자리하고 있습니다. 대구광역시에서는 이 나무를 왕건나무로 이름 붙여 이곳에서의 왕건의 행적을 기억하게 하고 있습니다.

팽나무는 그 열매를 대나무 대롱 총에 넣어서 쏘면 팽하고 날아간다 하여 붙여진 이름이라고 하는 사람도 있습니다. 팽나무 열매는 가운데에 단단한 핵이 있고 주위에 약간 달콤한 육질로 싸여있습니다. 이를 직경이 작은 대나무 대롱에 아래, 위에서 한 알씩 밀어 넣고 위에 꽂을대를 꽂아 오른손으로 탁 치면 공기 압축으로 아래쪽의 팽나무 열매는 멀리 날아가게 됩니다. 이를 일컬어 '팽총' 이라고 하는데, 이 때 열매가 날아가는 소리가 '팽' 하므로 팽나무가 되었다는 것입니다.

붉게 익은 열매를 먹기도 하는데, 익으면 검게 되는 팽나무를 검팽나무라고 합니다.

겨울에도 오동나무 꽃을 피웠다
동화사의 심지대사

동화사 정문에서 건물 오른쪽으로 계속 들어가면 나타나는 조사전 앞에 오동나무 두어 그루가 서있는데 그 중에서 가장 큰 나무 앞에 심지대사 나무라는 안내판이 세워져 있습니다.

바람이 적은 곳이어서 그런지 오동나무는 매우 기품 있게 바르게 서 있습니다.

심지대사는 속성이 김씨(金氏)로 조카인 애장왕을 죽이고 정권을 잡은 신라 41대 헌덕왕의 아들로 태어나 15살에 스님이 되었다고 합니다.

심지대사는 청년시절 진표율사(眞表律師)로부터 계(戒)를 이어받은 법주사의 영심(永深)스님이 법회를 연다는 이야기를 듣고 그 법문을 들으러 갔다가 늦어 강당에 들어갈 수 없어 마당에 앉아 법문을 듣는데, 눈이 왔으나 이상하게도 그가 앉은 주위에는 눈이 내리지 않는 기이한 일이 있었다고 합니다.

법회를 마치고 영심스님으로부터 미륵의 손가락뼈로 만든 팔간자(八簡子)를 받았는데, 이를 계기로 더욱 불도에 정진한 끝에 마침내 깨달음을 얻었다고 합니다.

 그 뒤, 본래 이름이 유가사(瑜伽寺)인 동화사를 중창(832년)하니 겨울인데도 주변의 오동나무가 꽃을 피우는 기이한 현상이 나타나 마침내 절 이름도 오늘날과 같이 동화사(桐華寺)로 바꾸었다고 합니다. 그리고 이 절에 팔간자를 모시니 본디 이름인 공산(公山)에 '팔(八)'을 붙여 팔공산(八公山)이 되었다고도 합니다.

동화사 심지대사 나무(오동나무)

이 이야기는 《삼국유사》 〈심지계조(心地繼祖)〉편과 동화사 〈사적기〉 등에 일부 내용이 나와 있습니다.

심지대사는 외형적으로 팔공산에 많은 절을 지어 부처님 도량으로 하고자 하셨지만 내적으로는 493년 극달화상(極達和尙)이 개산한 동화사를 미륵사상의 법맥(法脈)을 이어가는 절이 되도록 하였습니다.

오늘날 불교계의 가장 큰 종단인 조계종을 창시한 지눌 보조국사와 살아있는 부처로 존경받던 성철스님이 이 동화사에 머물며 정진한 것이 결코 우연이 아니고 심지스님의 간절한 원력의 결과가 아닌가 하는 사람이 많습니다.

오동나무는 재질이 좋아 악기나 고급 가구재로 쓰이는 훌륭한 나무이지만 그 생명이 오래가는 나무는 아닙니다. 그러나 가벼우며 또한 날개가 있는 종자가 쉽게 날아가 주변에서 쉼 없이 싹을 틔어 대를 이어갑니다.

그리고 아무리 척박한 곳에서라도 생명을 이어가기 때문에 사람이 아무리 잘라내어도 오동나무는 기어이 뿌리를 내리고야 만다고도 합니다.

불교 재건에 힘썼다
파계사의 현응대사

　팔공산 파계사(把溪寺) 입구 오른쪽에는 큰 느티나무 한 그루가 서있습니다. 이곳 파계사의 고승 현응대사가 나들이할 때에 호랑이가 와서 기다리고 있다가 태워가고 내려주었다는 전설이 있는 곳입니다.

　파계사의 '파계'는 '잡을 파(把)', '시냇물 계(溪)'로 둘레의 계곡물을 잡는다는 뜻을 가진 이름이라고 합니다. 즉 이 절 앞으로 여러 계곡의 물이 모여드는데 그 계곡 위에 세워진 절이라는 것입니다.

　신라 애장왕 5년(804년)에 심지대사가 개산(開山)한 파계사는 조선 선조 임금 때 와서 계관(戒寬)스님에 의해 부분적인 수축이 있었으며, 숙종 21년(1695년)에 현응대사(玄應大師)에 의해 고쳐 지어져 비로소 오늘날의 모습으로 자리 잡았다고 합니다.

　현응대사는 기이한 전설을 많이 가질 정도로 큰일을 많이 하였습니다.

　조선 숙종조 중엽, 배불 정책이 극심하여 전국의 절마다 스님들

파계사 입구의 현응 대사 나무(느티나무)

은 부역 아니면 궁중에서 쓰는 종이와 노끈 미투리 등을 삼는 등 혹사당해야 하였습니다.

"원, 이래서야 어디 수도승이라고 할 수 있겠나."

스님들의 푸념은 어느 절이나 마찬가지였습니다.

천 년 고찰 파계사도 예외는 아니었습니다.

"주지 스님, 오늘 삭발하실 날입니다."

"안 깎는다."

파계사 주지 현응스님은 시자가 준비해 온 삭도를 한 마디로 물리고 말았습니다.

시자는 자못 궁금했습니다.

"스님, 어디 편찮으신지요?"

"아니다."

"그럼 왜……."

"그럴 일이 있느니라."

정갈하기로 소문난 현응스님이 한 철이 지나도록 삭발을 하지 않자 사람들이 여기저기에서 수군대기 시작하였습니다. 그러나 전혀 개의치 않던 스님은 어느 날 짧게 기른 머리로 솔잎상투를 틀었습니다. 또 승복을 일반 복장으로 갈아입고는 길 떠날 채비를 하였습니다. 놀란 시자가 달려와 물었습니다.

"스님! 웬일이십니까? 이 길로 환속하시려는 건 아니시겠죠?"

"예끼 이 녀석!"

"스님, 그럼 머리는 왜 길렀으며, 옷은 왜 속복으로 갈아입으셨는지 속 시원히 사연을 들려주십시오."

"그래 말해주마. 그 동안 미투리 삼고 종이 만드는 일은 참고 견디었으나 젊은 유생들의 행패는 이제 더 볼 수가 없구나. 그래서 내 이렇게 변장을 하고 상경하여 조정에 탄원을 할 것이니라."

승려의 신분을 속이고 겨우 서울로 들어간 현응스님은 어느 밥집의 잔심부름을 하며 탄원의 기회를 엿보았습니다. 그러나 3년의 세월이 지나도록 스님은 때를 얻지 못하였습니다. 그리하여 파계사로 돌아오기로 결심하고 숭례문 근처의 봉놋방에서 마지막 밤을 지내고 있을 때였습니다.

그날 밤 숙종 임금은 숭례문 근처에서 청룡이 승천하는 꿈을 꾸었습니다.

'참으로 기이하도다.'

숙종 임금은 즉시 내관을 시켜 숭례문 근처를 살피게 하였습니다.

어명을 받아 아침 일찍 숭례문 근처로 나아가 인근을 살피던 내관은 행장을 꾸려

파계사(왼쪽 느티나무는 영조 임금 나무)

막 길을 떠나려는 현웅스님과 마주쳤습니다. 비록 행색은 남루하나 눈빛이 예사롭지 않고 인품이 달라 보여 내관은 현웅스님을 은밀히 어전으로 안내하였습니다.

"그대 이름은 무엇인고?"

"용파라고 하옵니다."

당시 현웅스님의 법명은 용파였고, 현웅은 뒷날 숙종이 내린 시호라고 합니다.

"무슨 용자를 쓰는가?"

"용 용(龍) 자입니다."

"으음."

그러자 현웅스님은 절호의 기회다 싶어 자신의 신분과 사찰 실정을 밝히면서 불교 탄압을 중지해달라고 탄원하였던 것입니다.

"마마, 아뢰옵기 황공하오나 이렇게 불교를 탄압하게 되면 나라에서는 큰 인물이 나지 않을 것입니다. 통촉하여 주옵소서."

숙종은 현웅스님의 간곡하면서도 강력한 청에 마음이 움직이지 않을 수 없었습니다.

"내 그대의 청을 들어줄 테니 그 대신 짐이 태자를 얻게 해줄 것을 기원해 주오."

"알겠습니다."

현웅 스님은 그 길로 평소 친분이 두터운 삼각산 금성암의 농상스님과 함께 세자 잉태를 기원하는 백일기도에 들어갔습니다. 현웅스님은 수락산 내원암에서, 농상스님은 삼각산에서 기도하였으나 태자 잉태의 기미는 보이질 않았습니다.

기도를 회향한 두 스님은 똑같이 숙종의 사주에 세자가 있지 않음을 알게 되었습니다.

그러자 현웅스님은 농상스님에게 진지하게 권하였습니다.

"여보게, 자네가 세자로 태어나게."

"알겠네. 자네의 청이라면!"

마침내 농상스님은 숙빈 최씨에게 현몽한 뒤 태자로 환생했으니 그가 바로 1724년부터 52년간 재위하여 학문과 예술의 전성시대를 이룬 영조대왕으로 알려져 있습니다.

태자를 얻은 숙종의 기쁨은 이루 헤아릴 수 없었습니다. 임금은 용파스님에게 현웅이란 시호를 내렸습니다. 그뿐이 아니었습니다.

"대사의 큰 은혜 내 무엇으로 갚을 수 있겠소. 이제부터 파계사를 중심으로 40 리에 걸쳐 나라에서 거두던 세금을 모두 절에서 거둬들이도록 하시오."

숙종이 크게 은혜를 베풀었으나 현웅스님은 이를 거절하였습니다.

"소승은 나라를 위해 할일을 했을 뿐입니다. 세금을 절에서 거둔다는 것은 또 다른 원성이 될 수 있습니다. 그보다는 유생들의 탄압을 막아주시기 바랍니다."

이에 임금은 쾌히 허락하고 파계사를 자신의 원당(願堂)으로 지정하였습니다.

현웅스님은 즉시 파계사로 내려가 기영각을 세우고 선대왕의 위패를 모시자 지방 유생들의 간섭은 자연스럽게 끊어지게 되었습니다.

그리하여 현재 사적비 부근에 있는 '대소인개하마비(大小人皆下馬碑)' 라는 비석도 세워지게 되었습니다.

현웅스님이 건립하고 그곳에서 수도했다는 성전암 가는 길목엔 현웅스님의 부도가 서 있습니다. 또 성전암에는 현웅대사의 영정과 벽화가 보존되어 있습니다.

전생에 농상스님이었던 영조대왕이 11세에 썼다는 '현웅전' 이란 편액이 지금까지 성전암 법당에 걸려 있어 인과와 업 그리고 윤회의 질서를 보게 합니다.

또 이를 입증이나 하는 듯 지난 1979년에는 법당 관세음불상을 개금하던 중 복장되어 있던 영조대왕 어의가 나와 교계와 학계의 관심을 끌었습니다. 파계사에는 숙종의 하사품 중 병풍 2점과 구슬 2개가 지금도 남아 있다고 합니다.

신라 애장왕 5년(804)에 심지왕사에 의해 창건된 파계사는 조선 선조 38년(1605) 계관스님이 중창했고 이어 현웅대사가 숙종 21년(1695) 삼창하였습니다.

파계사란 이름은 절 좌우 계곡에 흐르는 9개의 물줄기를 흩어지지 못하게 잡아 모은다는 뜻에서 지어진 이름이라 합니다.

물줄기를 잡는 명당에 서있다
영조 임금 나무

　팔공산 파계사 앞마당에는 우람한 느티나무가 서너 그루 절을 지키고 있습니다. 그 중에 가장 큰 나무 앞에 '영조임금 나무'라는 안내판이 붙어 있습니다.

　팔공산은 나라를 지켜준 호국의 산이자 국보 제109호인 제2석굴암을 비롯한 문화재의 보고(寶庫)이며 또한 불교의 성지(聖地)입니다.

　심지대사(心地大師)는 팔공산 산자락 곳곳의 좋은 터를 골라 도량을 마련하였으니 파계사, 동화사(중창)는 물론 환성사 중암암, 묘봉암 등을 세웠습니다.

　의상대사(義湘大師)와 함께 두 번째 당나라로 향하다가 오래된 무덤 속에서 해골이 잠긴 물을 먹고 모든 것이 마음에 달렸음을 깨달은 원효대사(元曉大師)가 정진한 곳도 이곳 팔공산 자락입니다.

　고려에 와서는 부처님의 공덕으로 적을 물리치기 위해 만든 '초조대장경' 이 이곳 부인사에 봉안되었으며, 조계종의 창시자 지눌

파계사 마당의 영조 임금 나무(느티나무)

(知訥)스님이 열성적으로 설법한 곳도 이 산자락의 거조암입니다.
선조 때에는 사명대사(四溟大師)가 동화사를 승군본부(僧軍本部)로 하여 왜와 항전하는 등 호국 성지로도 그 역할을 다하였습니다.

　뿐만 아니라 전국에서 유일하게 조계종의 2개 교구 본사(제9교구 본사 동화사, 제10교구 본사 은해사)가 한 산에 있으며, 가난한 사람이나 부자나 가리지 않고 한 가지 소원은 반드시 들어준다는 갓바위 부처님 또한 이곳에 있어서 전국 각지에서 신도들의 발길이 끊어지지 않고 있습니다.

　이에 대구광역시에서는 파계사 마당을 지키고 있는 아름드리 느티나무를 '영조임금 나무' 라고 명명하여 이곳에 얽힌 상황을 오늘의 교훈으로 되살리고자 노력하고 있습니다.

대구의 아름다움을 시로 남겼다
대문장가 서거정 선생

　조선 초기의 대문장가인 사가 서거정(四佳 徐居正, 1420-1488) 선생도 대구 사람입니다. 그는 대구를 샅샅이 답사하고 〈대구십경(大丘十景)〉이라는 시를 남긴 바 있습니다.

　대구공항에서 평광동을 향하다 보면 우리나라 천연기념물 제1호로 지정되어 있는 측백나무 숲을 만나게 됩니다. 그 입구에 이 모습을 노래한 선생의 '북벽향림(北壁香林)'이라는 시를 새긴 비석이 세워져 있습니다.

　　북벽의 향나무 숲
　　옛 벽에 푸른 향나무 창같이 늘어섰네.
　　사시로 바람결에 끊이지 않은 저 향기
　　심고 또 심어 잘 가꾸어
　　온 고을에 풍기세

　서거정은 달성 서씨 대구 입향조인 서한(徐?)의 9세손으로 조선 초기의 문장가인 권근(權近)의 외손자이기도 합니다. 네 번이나 과거에 오르고 다섯 임금을 두로 섬겼으며, 육조의 판서를 모두 지내고 두 번이나 사헌부의 장관이 되었으며 다섯 번이나 재상에 올랐던 보기 드문 관록의 소유자입니다.

문장가답게 '문형(文衡)'이라는 직책을 맡아 무려 23회나 과거를 주관하여 인재를 뽑는 일을 하였습니다. 그리하여 당대의 고명했던 김종직(金宗直), 강희맹(姜希孟), 이승소(李承召) 등이 자신의 여망과는 달리 문형 자리를 거치지 못했다고 섭섭해 할 정도였습니다.

하지만 그만큼 그의 업적은 뛰어나서 오늘날까지도 주요한 자료가 되고 있는 큰 저서 《동국여지승람》 50권, 《동국통감》 57권, 《동문선》 130권을 비롯하여 《역대연표》, 《필원잡기》, 《태평한화》, 《동인시화》, 《사가집》, 《오행총괄》 등 여러 책의 편찬에 참여하거나 직접 써 내었습니다.

이와 같은 많은 저서를 낼 수 있었던 데에는 그의 피나는 노력이 있었을 것이지만 뛰어난 영감도 가졌을 것으로 보입니다. 그의 영감을 나타내는 예화로 이런 일이 있었다고 합니다.

수양대군이 세조로 등극하기 전 중국으로 사신으로 갈 때에 문장가인 서거정을 동행시켰습니다. 서거정은 압록강 파사보(波沙堡)에서 밤에 이상한 꿈을 꾸고 놀라서 눈물을 흘렸습니다. 동료가 어찌된 연유이냐고 물으니 "꿈에 달에 변괴가 생겼으니 아무래도 집에 계시는 어머니께 무슨 일이 일어난 듯싶소. 달은 어머니를 가리키지 않소?"라고 대답하였습니다.

과연 그 시각에 서거정의 어머니 권씨 부인이 작고하였습니다.

수양대군은 그 사실을 미리 연락받아서 알았지만 서거정의 상심을 덜어주기 위해 알리지 않았던 것입니다.

후에 이 서거정의 꿈은 효성이 지극하여 일어난 일이라 하여 모두가 감탄해 마지않았습니다.

생육신 김시습은 서거정이 후에 세조가 된 수양대군과 너무 가까이 지내는 것을 경계하였습니다. 어느 날 서거정은 평소 숭배하고 있던 김시습을 초치(招致)하여 강태공이 고기를 낚는 그림을 보여주며 시 한 수를 청했습니다.

비바람 소소히 강가에 뿌리니

위수(渭水)의 고기와 새는 기심(機心)을 잃었네

무엇하러 늙게사 날쌘 응양장(應揚將)이 되어

백이와 숙제를 굶주리게 하는가

그러자 이 시를 보던 서거정은 '이 시는 바로 나의 죄안(罪案)이로다' 하며 부끄러이 여겼다고 합니다.

바로 이 시는 서거정이 당시 선비들로부터 지탄을 받고 있던 세조에게 중용되려는 그런 기심(機心)을 찌르는 절구였던 것입니다. 이름난 문장가였던 만큼 김시습의 충고를 재빨리 알아들었습니다. 그리하여 서거정은 자신의 행동을 더욱 조심하였습니다.

선생은 〈차를 달이며〔煎茶〕〉라는 시에서* 그의 마음을 어떻게

---

* 四佳詩集 券52

46

다스릴 것인지에 대해 다짐하고 있습니다.

　선다(仙茶)의 묘미 몹시도 좋아하여
　어려서부터 영외(嶺外)로 왔네

　깨끗한 병에 맑은 물 길어다
　옛 솥에 다림에 우레 소리 같도다

　그늘에 말림에 봄이 깊었고
　남가의 헛된 꿈 불러 깨운다

　내 옥천자와 같아서
　석 잔의 차로 시 짓고 싶구나

　제3연의 '북배(北焙)'는 '차는 빛이 없는 그늘에서 말려야 한다'는 뜻인데 이렇게 정성들여 차를 만들고, 이를 마셔 남가일몽의 헛된 꿈을 깨게 하고, 마침내 맑은 마음으로 시를 짓고 싶다는 표현입니다. 이를 통해 보면 그의 시가 일상사를 노래하면서도 얼마나 깊은 이치를 담고 있는지를 짐작할 수 있습니다.
　선생은 대구의 아름다움을 주제로 칠언절구(七言絶句)로 된 10수의 시를 남겼습니다. 원래 〈십영(十詠)〉인 것을 대구십영(大丘十詠), 대구십경(大丘十景), 달성십영(達成十詠), 달성십경(達成十景)으로 부르기도 합니다.

선생이 남긴 대구십경이 있어서 지금으로부터 500여 년 전 대구의 풍광이 어떠했으리라고 나름대로 짐작할 수 있습니다.

선생이 노래한 대구십경은 다음과 같습니다.

제1경 금호범주(琴湖泛舟 · 금호강에 배 띄우기)

제2경 입암조어(笠巖釣魚 · 삿갓바위에서 고기 낚기)

제3경 귀수춘운(龜岫春雲 · 귀수의 봄 구름)

제4경 학루명월(鶴樓明月 · 금학루의 밝은 달)

제5경 남소하화(南沼荷花 · 남소의 연꽃)

대구 동구 도동 측백수림 건너편 서거정 나무(회화나무)

제6경 북벽향림(北壁香林 · 북벽의 향나무 숲)

제7경 동사심승(桐華尋僧 · 동화사 찾는 스님)

제8경 노원송객(櫓院送客 · 노원에서 손님 보내기)

제9경 공영적설(公嶺積雪 · 팔공산에 쌓인 눈)

제10경 침산만조(砧山晚照 · 침산의 저녁노을)

이에 북벽향림의 무대가 되고 있는 대구 도동의 측백나무 숲을 바라보고 있는 느티나무 한 그루를 골라 '문장가 서거정 나무'로 명명하고 그의 숭고한 애향 정신과 문명(文名)을 기리고자 합니다.

북벽향림 시비가 있는 건너편 주차장 겸 공원에는 아름드리 느티나무와 팽나무 한 그루가 거의 연리목 수준으로 엉킨 채 서있습니다. 이 나무는 이 마을에 정착한 민씨(閔氏), 서씨(徐氏), 홍씨(洪氏) 등 세 성을 가진 주민들이 심은 나무라하여 일명 '민서홍(閔徐洪) 나무'라고도 불립니다.

그리하여 이 나무 이외의 다른 나무를 골라 서거정 나무로 해야 하지 않을까 합니다. 그러나 우선은 선생이 십경으로 지정하고 노래한 측백숲에서 가장 가까이에 있는 큰 나무이기에 이 나무를 서거정 나무로 명명하고자 감히 제안합니다.

마을을 열고 나무를 심었다
옻골마을 대암 최동집과 백불암 선생

대구 비행장 정문에서 오른쪽으로 가다가 오른쪽에 방촌초등학교를 보면서 좌회전하면 해안초등학교가 나오고, 거기서 조금 더 들어가면 경주 최씨 광정공파의 집성촌인 옻골 마을이 나옵니다. 마을 뒤의 대암봉은 한눈에 여기가 예사스러운 곳이 아님을 말해 줍니다.

마을 앞마당에는 큰 회화나무가 두 그루 서있는데 '최동집 나무' 라는 안내판이 서 있습니다.

최동집 나무를 만나기 전에도 벌써 마을 입구에 둑이 있고 그 위에 느티나무 숲이 우거져 있어서 마을을 보호하기 위해 의도적으로 숲을 조성하였다는 것을 느낄 수 있습니다. 이 숲이 바로 이른바 마을의 기운을 지키기 위해 조성된 비보림(裨補林)입니다.

이 마을 뒤의 대암산(臺巖山)은 산 이름이 말하듯 누가 일부러 쌓은 것 같은 바위로 다르게는 거북의 형상을 하고 있어 주민들로 부터는 살아있는 거북바위 즉 '생구암(生龜岩)' 으로도 불리고 있습니다.

옻골 마을 입구의 비보림(느티나무)

마을의 안녕과 번영을 주관하는 수호신으로 믿고, 이 거북이 마을을 떠나지 않도록 입구에 연못을 파 두었으며, 외부로부터 노출된 남쪽의 부족한 부분을 메우기 위해 비보(裨補)숲을 조성해 나쁜 기운이 마을 안으로 들어오는 것을 막고 있습니다.

이 마을의 입향조(入鄕祖)인 조선 인조 때의 문신(文臣) 최동집(1586~1661)은 마을 뒷산의 이름을 따서 호를 '대암(臺巖)'이라고 하였습니다.

이 마을에는 고색창연한 고가가 많이 있는데 특히 그의 손자 경함이 숙종 20년(1694)에 지은 살림집 '백불고택(百弗古宅)'은 우리 대구에서는 가장 오래된 가정집이자 대암의 불천위(不遷位) 사당인 별묘(別廟)와 후손 백불암 최흥원(百弗庵 崔興遠, 1705-1786)의 불천위 사당인 가묘(家廟) 등 제사 공간이 양(陽)을 상징하는 동쪽에 배치한 조선시대의 전형적인 사대부 가옥입니다. 이

옻골마을 입구의 대암 최동집 나무(회화나무)

백불고택은 당시 양반들의 생활사 연구에 귀중한 자료가 되기 때문에 '대구시 민속자료 제1호'로 지정되어 보호되고 있습니다.

백불암 선생은 생원시험에 합격하고도 벼슬에 나아가지 않다가 정조 2년(1778) 학행으로 천거되어 참봉, 교관, 장악원주부 등의 벼슬을 거쳤으나 향리에 돌아와서는 이웃을 교화하며 선행을 베풀었습니다.

선생은 이황(1501~1570) 선생이 향촌사회를 교화하기 위해 만든 예안향약을 보다 현실에 맞도록 증보하여 부인동 동약(夫人洞洞約)을 만들어 주민들의 생활 안정과 풍속 순화에 많은 노력을 기울였을 뿐만 아니라, 효행 또한 뛰어나 나라에서 정문(旌門)을 세우고 승지를 추증하였습니다. 이 정문은 지금도 마을 중앙에 남아 있습니다

선생은 자(字)를 여호(汝浩)라 하였고, 초호(初號)를 수구암(數咎庵)이라 하였다가 말년에 백불암(百弗庵)이라 하였는데, 이것은 '백 가지도 모르고 백 가지도 아니다' 라는 뜻을 담고 있다고 합니다. 스스로 뜻은 높게 가지되 겸손함은 잃지 않겠다는 의지로 지어진 호가 아닌가 합니다. 후에 조선후기 영남의 대학자로 추앙받게 되는데 이때에 사람들은 그를 칠계(漆溪) 선생이라고 하였습니다.

선생은 또한 선공고(先公庫), 휼빈고(恤貧庫)를 설치하여 동민들을 승화시키고 생활 안정을 도모하는 한편, 후학을 교화하여 대산 이상정(大山 李象靖, 1710~1781)과 남야 박손경(南野 朴遜慶, 1713~1782)과 더불어 '영남삼로(嶺南三老)'로 추앙받았습니다.

1778년(정조 2년) 학행으로 천거되어 참봉·교관이 되었고, 1782년(정조 6년) 정악원 주부를 거쳐 1784년(정조 8년)에 세자익위사좌익찬(世子翊衛司左翊贊)이 되었으며, 사후에는 그의 효성이 조정에 알려져 1789년(정조 13년)에 정려를 받았습니다. 1790년(정조 14년) 통정대부승정원좌승지겸경연참찬관(通政大夫承政院左承旨兼經筵參贊官)에 증직되었습니다.

이에 마을 입구의 화화나무는 '최동집 나무'로 하고, 백불암 정려각 옆의 은행나무는 '백불암 최흥원 나무'로 명명하여 그의 학문과 효행을 널리 기릴 것을 감히 제안합니다.

옻골은 대암에 의해 크게 개척되었지만, 명문 경주 최씨는 옻골에 정착하기 이전부터 대구지역에서 많은 활약을 하였습니다.

임란시 의병으로 참가해 큰 공을 세운 최계, 최인 형제와 조카 최동보 등 이른바 최씨3충(崔氏三忠)은 주로 동촌지역에 출몰하는 왜군과 싸워 많은 전과를 올렸습니다. 그 중에서도 대암의 아버지인 최계(1567~1622) 선생은 선무2등공신이 되는 등 그 활약이 크게 뛰어났습니다.

이에 세 분 모두 달성 18현의 반열에 올라 후세 사람들로부터 존경을 받고 있습니다.

마을 초입에 우뚝 솟은 350여 년 된 회화나무는 옻골에 터를 잡으며 자손들이 번창하도록 염원한 대암의 높은 뜻을 상징이라도 하듯 온갖 풍상에도 꿋꿋이 견디어내며 무럭무럭 자라고 있습니다.

회화나무는 홍만선이 지은《산림경제》에 의하면 '회화나무 세 그루를 중문에 심으면 부귀를 누릴 수 있다' 고 할 만큼 주술적 기원이 담긴 나무이기도 합니다. 옛부터 집안에 선비가 많이 나기를 바라는 마음에서 이 회화나무를 집안에도 많이 심었다고 합니다.

지역민 보호를 우선하였다
의병장 황경림 선생

　지하철 안심역에서 팔공산 쪽으로 계곡을 따라 들어가면 아담한 마을(동구 동내동 251번지)이 나오는데 냇가에 오래된 느티나무 한 그루가 숨어있습니다.

　필자는 처음 이 나무를 보러갔을 때에 대여섯 번이나 이 나무 앞을 지나쳤으나 발견하지 못했습니다. 운전을 하고 있었기 때문이기도 하지만 5백년이나 묵은 느티나무가 도리어 키를 낮추고 가만히 엎드려있었기 때문이었습니다.

　그런데 막상 나무 앞에 서고 보니 매우 오래된 나무인데다 그 품세가 매우 다부지게 느껴졌습니다. 그리하여 쉽게 떠나올 수가 없었습니다.

　나무 앞에는 보호수라는 팻말과 함께 대구광역시에서 붙인 '의병장 황경림 나무' 라는 안내판이 함께 서 있었습니다.

　면와(勉窩) 황경림(黃慶霖, 1561~1625)은 임진왜란 당시 하양 지역 의병장이었습니다.

의병장 황경림 나무 부분(느티나무)

본관은 장수(長水)요, 참봉을 지낸 아버지 인시(認始)와 어머니 김해 배씨 사이에 태어났습니다. 그 유명한 황희 정승의 6대손이기도 한 면와 선생은 11세에 어머니가 돌아가시자 어른들처럼 애통해 하며, 정성을 다해 상례((喪禮)를 모시는 비범함을 보였다고 합니다.

기록에 의하면* 면와 선생은 첫째 하양에서 지역 출신으로 의병 활동을 한 대표적인 세 사람 중 한분이며, 둘째 여느 타 지역 의병장과는 달리 고을에 살고 있는 주민 보호를 최우선으로 향토 방어에 최선을 다하고 여력이 있을 때에 여타 지역에 지원을 나서는 등 지역 안정에 무엇보다 애썼다고 합니다. 그리하여 하양현 내에서는 와평, 초례산, 도리천, 금호강, 경산에서는 반야, 창암에서 주로 적과 싸웠습니다.

고장에 왜군의 출몰이 없을 때에는 영천성복성전투, 달성전투, 멀리는 곽재우가 대장으로 있던 화왕산 수성전투에도 참가했다고 합니다. 뿐만 아니라 1595년에는 권응수 장군과 합세하여 창암에서 왜군을 격파했으며, 1596년에는 대구 출신 의병장 서사원(徐思

* 이동근·정호완(2000), 경산의 임란 의병 항쟁. 경산문화원

遠) 등과 공산회맹(公山會盟)을 통해 향토방위에 노력하였으며, 1598년에는 명나라 군사와 협력하여 무진에서 왜군을 격파하는 등 1592년부터 왜가 물러가는 1598년까지 주민 보호에 최선을 다하였습니다.

전란이 끝난 후 많은 사람들이 실제보다 공적을 부풀려 조정으로부터 상을 받는 등 명예를 누리려고 애썼으나 장군께서는 큰 공을 세웠음에도 밖으로 드러내지 않고 동내동 초례산 밑으로 들어와 학문을 즐기며, 조용히 여생을 보내다가 돌아가셨습니다.

인근의 동호서당(東湖書堂)은 원래 동호사(東湖祠)라 하여 장군을 추모하는 사당이었으나 공(公)의 높은 인격을 흠모하던 후학들이 모여 학문을 연마하여 새로운 이름을 얻게 되었습니다.

기록에 따르면 최동집, 손처눌 등 당시 대구 지역의 대표적인 지식인들과도 폭넓게 교류하며 나라를 구하고 학문을 깊이 닦아 크게 존경받았습니다.

의병장 황경림 나무 부분(느티나무)

8년 장좌불와로 도를 얻었다
성철스님

성전암은 생불로 추앙되던 성철스님이 8년간이나 눕지 않고 수행 정진하여 마침내 도를 깨쳤다는 유서 깊은 암자입니다.

전통사찰이 다 그런 곳에 자리 잡은 것과 같이 파계사 산내(山內) 암자인 성전암 역시 절 뒤편의 산기슭에 절경으로 위치해 있습니다.

파계사는 일주문을 지나면 절 이름인 잡을 파(把), 시내 계(溪)가 상징하는 바와 같이 파계지(把溪池)가 골짜기 물을 잡아두고 있습니다. 파계지의 둘레에는 울창한 늙은 소나무 숲이 우거져 한 폭의 산수화(山水畵)를 보는 듯합니다.

못이 끝날 즈음 바로가면 절로 들어갈 것이나 왼쪽으로 발길을 돌리면 대비암이 나오고, 그 담벼락을 돌아 골짜기로 접어들어 가파른 길을 한참 오르면 별유천지(別有天地)인 듯 성전암이 나타납니다. 성전암에 오르는 길 둘레에 심어져 있는 차(茶)나무는 처음 보는 이도 낯설지 않습니다.

이 성전암 뜰에서 골짜기를 내려다보면 우람한 높이를 자랑하

성철스님 나무(전나무)

는 전나무 한 그루가 우뚝 서있습니다. 이 전나무는 원래 이곳 성
전암의 기를 누를 요량으로 두 그루를 심었는데 한 그루는 고사하
고 한 그루만 남아서 300여 년을 버티어 대구에서는 가장 오래된
전나무가 되었다고 합니다.

　그런데 이 나무에는 '성철스님 나무'라고 이름 붙어 있습니다.

노년의 성철스님

성철(性徹, 1912~1993)스님은 이곳에서 무려 8년 동안 장좌불와 (長坐不臥)의 고행을 통해 큰 깨달음을 얻고 한국 불교계를 상징하는 종정 자리에 추대되었던 것입니다.

결국 성철스님의 도가 성전암의 기를 잠재우고 평화를 가져온 셈이 되었습니다.

깊은 산속, 외진 암자에서 생사를 초월한 스님의 구도(求道) 모습을 지켜 본 전나무에 '성철스님 나무'라고 이름붙인 것은 스님의 숭고한 뜻을 후세에 전하고자 해서일 것입니다.

전나무는 가을에 열리는 솔방울을 '젓'이라 하여 '젓나무'라고도 하고, 그 가지가 곧아 가지를 잘라 젓갈을 저어준다 하여 '젓는 나무' 즉 '젓나무'라고 불리다가 마침내 '전나무'가 되었다고도 합니다.

상록수로 어릴 때는 음지에서도 잘 자라며, 주로 고산지대에 분포하지만 우리 고장에는 김천의 청암사, 청도의 운문사 입구에 큰 나무들이 많이 서 있습니다.

남구·달서구

우재 이시영 / 송두환 의사 / 의병장 임용상 / 시조시인 이호우 / 의병장 우배선

날개 달고 달렸다
독립운동가 우재 이시영 선생

우재 이시영

대구 앞산공원 승공관 뒤쪽에 붉은 벽돌로 쌓은 기념탑 하나가 우람하게 서있습니다. 이 탑은 한말의 항일운동가인 우재(又齋) 이시영 (李始榮, 1882-1919) 선생을 추모하기 위한 것입니다. 탑의 앞면 가운데에 '우재이시영선생 순국기념탑' 이라는 제호가 새겨져 있습니다.

우재 선생은 성리학자 만당(晩堂) 이관준(李寬俊)의 둘째 아들로 대구에서 출생하였는데 본관은 경주(慶州)이며 자(字)는 중현(仲賢)입니다.

선생은 아버지로부터 한학을 배웠으나 몸이 건장하여 무인 기질을 보였다고 합니다. 그러면서도 시(詩)와 글씨〔書〕, 그림〔畵〕에 능하였으며 말보다 실천이 앞서는 그런 성격이었습니다. 이러한 그의 성격과 과단성 있는 추진력 때문에 도산 안창호(島山 安昌浩)는 선생을 가리켜 '날개달린 호랑이' 라고 칭찬했다고 합니다.

선생은 을사늑약(乙巳勒約)이 체결된 다음해인 25세 때에 기울어가는 국운을 한탄하고 항일운동을 하겠다는 결연한 각오 아래 중국으로 건너갔습니다.

그는 실력 투쟁만이 독립의 길이라고 확신하고 윤상태(尹相泰), 서상호(徐相鎬), 정운일(鄭雲馹) 등과 애국단이라는 비밀조직을 만들었습니다.

애국단 조직 후 그들은 우선 군자금을 마련하기 위해서 당시 대구 부호였던 서모(徐某)의 지원을 얻기로 했습니다. 그러나 지원을 받는데 실패하자 최후의 수단으로 서부자의 집에 그의 아들을 앞세우고 침입했다가 정체만 드러낸 채 역시 실패하고 말았습니다. 이로 인해 일경에 체포되어 강도죄로 2년간의 옥고를 치렀습니다.

출옥 후 다시 최준(崔俊), 안희제(安熙濟), 서상일(徐相日) 등의 동지를 규합하여 광복단을 조직하여 활동하다가 1914년 다시 고국을 떠나 북경에서 항일운동에 이바지하였습니다.

1918년 귀국 후 이듬해 2월에는 지청천(池靑天), 한용운(韓龍雲) 등과 함께 영남유림대표 2백여 명을 서울로 보냈습니다.

그 때, 유림측에서 그에게 민족대표로 서명해 달라고 하자 '내 목적은 오직 왜놈과 싸우는 것'이라며 과격한 활동 노선을 밝혔습니다. 그 후 임시정부에서 재무장관서리를 맡아 달라는 것도 거절했는데 역시 같은 이유에서였습니다.

3·1운동 직후 그를 따르던 한위건(韓偉健), 김영호(金永浩) 등

우재 이시영 선생 순국 기념탑과 나무(왼쪽 상수리나무)

청년을 데리고 만주로 가서 유하현 삼원포(柳河縣 三源浦)에 한인
무관학교(韓人武官學校)를 설립하였습니다.

이 학교는 같은 경주 이씨로 이름도 같은 성재(省齋) 이시영(李
始榮, 1868.12.3~1953.4.19)이 세운 신흥무관학교와는 다른 학교
입니다. 성재 이시영은 우재 이시영과 같은 독립운동가였으나 광
복 후 1948년 7월 24일부터 1951년 5월 9일까지 대한민국의 제1
대 부통령을 역임한 정치가이기도 하였습니다.

그러나 우재 이시영 선생은 오랜 독립 운동 끝에 병을 얻어 3.1
운동이 일어난 1919년 7월 9일 37세의 젊은 나이에 순국하고 말
았습니다.

그가 타계했다는 소식을 들은 안창호는 "문무겸전한 우재가 갔으니 또 하나 큰 별을 잃었구나. 날아다니던 호랑이 같은 기상이었는데……." 하며 통곡했고, 이름이 같은 성재 이시영(省齊 李始榮)도 "나라의 큰 별이었는데……." 하며 말을 제대로 잇지 못했다고 합니다.

우재 선생이 35세 때에 북경에서 쓴 시는 고국을 그리는 혁명가의 마음을 잘 나타내어 주고 있습니다.

버들잎은 푸르러 작은 길을 덮는데
홀로 잔 기울이리니 깊어가는 시름

몇몇 곳을 떠다니며 그 얼마나 마음 붙일 곳 찾았던가.
어디서 들려오는 젊은이의 노래 소리
큰일에 몸바쳐 천지를 떠도니 마음에는 거리낌 없지만

고개 돌려 고국길 바라보니 더욱 아득만 하고
종일 돌아가자 애쓰나 이룰 길 없구나,

망연히 물러서 숲속에 핀 꽃을 꺾는다

정부는 우재 선생의 공을 인정하여 1963년 대통령 표창을 추서하였습니다.

우재 선생은 자신의 아들을 같이 독립운동을 하던 서상일의 딸

에게 장가보내어 사돈이 되었습니다. 이후 서상일은 대구원화여자고등학교를 설립하여 육영 사업에 힘썼는데 학교 경영을 사위인 이웅창에게 맡겼습니다. 이후 우재의 손자인 이용, 증손자인 이욱이 차례로 학교 경영을 맡아 대구 지역의 모범 사학으로 칭송받고 있습니다.

우재 선생이 1914년 다시 출국하여 북경으로 가 그곳에서 항일운동을 할 때에 쓴 일기에 따르면(손자 이용(李鏞) 소장, 원화여고 교장 역임) 백남채(白南採), 김좌진(金佐鎭), 김동삼(金東三) 등 당시 쟁쟁하던 독립운동가들과 함께 과업을 추진하였다고 밝혀져 있습니다.

이에 우재 이시영 선생 순국 기념탑 왼쪽에 서있는 아름드리 상수리나무 한 그루를 골라 '독립운동가 이시영 나무'로 명명하고 선생의 우국충정을 기리고자 합니다.

상수리나무는 그 열매인 도토리가 흉년에 식용으로 요긴하게 쓰인다 하여 구황식물(救荒植物)로 널리 사랑받아 왔습니다. 마을 뒤의 산이나 언덕에 서있는 상수리나무는 눈높이 부분에 상처가 많이 있습니다. 모두가 도토리를 따려는 사람들이 바윗덩이로 때렸기 때문입니다. 상수리나무는 비가 많아 풍년이 들면 열매를 적게 맺고, 비가 적게 내려 흉년이 들면 열매를 많이 맺는 해거리 식물입니다. 이처럼 나무는 적절히 열매를 조절하여 오래도록 우리에게 그 열매를 나누어주고 있는데 사람들은 부질없이 나무를 괴롭히고 있으니 부끄러운 일입니다.

감옥을 내 집같이
독립운동가 송두환 의사

대구 앞산 공원에 있는 낙동강승전기념관 앞을 지나 놀이 시설 방향으로 가다보면 바로 오른쪽에 우재 이시영 선생 순국 기념탑이 있고 조금도 더 오르면 역시 오른쪽에 독립투사 중호 임용상 의사 기념비가 서있습니다. 거기서 좀 더 오르면 왼쪽으로 '심연 송두환의사상(心蓮宋斗煥義士像)' 이 세워져 있습니다.

송두환 의사상에서 조금 더 오르면 산 정상으로 오르는 케이블카 승강장이 나옵니다. 기념비가 있는 곳의 정확한 주소는 대구광역시 남구 봉덕2동 152-1번지입니다.

송두환(宋斗煥, 1892~1969) 의사는 대구에서 태어난 독립운동가입니다.

일찍이 경성보성학교에 입학하여 재학 중 민족 사업의 중요성을 느끼고 홍진의(洪震義), 김두봉(金枓奉), 주시경(周時經) 등의 일부 교수들 및 학우들과 일제의 경제 수탈에 항거하여 산직장려계(産織裝勵契)를 조직하고 그 회장이 되었습니다. 그렇지만 일본 헌병의 강압으로 해산되었으며, 세계 대전이 발발한 1914년에는

심연 송두환 의사상과 나무(왼쪽 상수리나무)

신배달회(新倍達會)를 조직하고 경북 하양에 비밀공작의 거점을
두었습니다.

　1915년부터 시야를 넓혀 만주, 시베리아를 두루 다니면서 그곳
의 인물들과 항일전선의 국내외 연결을 협의하였고, 파리강화회
의를 계기로 하여 산직계발기인(産織契發起人)들과 함께 3.1운동

의 거족적 전개를 도모하였습니다. 이때 천도교의 손병희 교령으로부터 종교 단체 동원 승낙을 얻고 하향하여 영남 일원의 삼일운동의 선도를 맡았습니다.

1919년 5월에는 사재 1,300원을 들여 독립운동가의 연락을 위한 비밀장소로 대구 시내에 가옥을 매입하여 동료 최해규(崔海奎)를 거주시키고 연락을 맡겼으며, 무기 및 선전문서 등의 입수 방편으로 신의주에도 가옥을 구입하여 생질 정욱(挺郁)으로 하여금 그곳에서 장사를 하는 것처럼 꾸며 지하공작 거점을 구축하였습니다.

12월에는 자신이 직접 상해를 방문하여 이동휘(李東輝), 이시영(李始榮) 등을 비롯한 여러 요인들과 접촉하여 국내 활동 요강을 합의하고 돌아오는 길에 심양에서 김종철, 김명제 등의 동지들과 무장전략을 협의하였습니다.

귀국 후 달성군내 소작농 2,300호를 결속하여 일인지주(日人地主)의 수탈에 항거하는 빈민회(貧民會)를 조직함으로써 영남지역 농민운동의 기원을 이루게 하였습니다.

1920년 9월 대한민국임시정부가 단일 정부로 통합된 뒤 군자금 모금을 대대적으로 전개할 때에 군자금 모금 요원으로 위촉받았습니다. 그리하여 경상북도 일대를 내왕하면서 군자금의 필요성을 역설하던 중 경상남도 의령군 일본 경찰 사살 사건의 주모자 혐의를 받고 그해 12월 하순경 남마산(南馬山)에서 체포되었습니다.

1921년 3월 가석방되었으나 무장단원 김승호와의 연계 모의로 대구에서 체포되어 2년형을 받았습니다.

1923년 3월 경상북도 제2사건 주모자로 징역 12년을 구형받았으나, 신의주 사건과의 일사부재리원칙이 적용되어 무기 소지 등 다른 죄목으로 징역 10년을 선고받았습니다.

1929년 8월에는 신간회 대구지회 집행위원장에 선출되었으며 1930년 11월에는 일본 경찰의 감시 아래 중앙집행위원회를 개최하여 중앙집행위원장에 김병로(金炳魯)를 선출하고, 중앙위원 전체 40명 가운데 한 사람으로 선출되었습니다.

1945년 광복 후 건국과정의 혼란 속에서 이동하(李東廈) 등과 함께 민주건설, 민족통일의 2대 명제 하에 제2의 건국운동을 전개하다가 77세의 일기로 별세하였습니다.

1977년 건국포장, 1990년 건국훈장 애국장이 추서되었습니다.

이에 동상 부근의 아름드리 상수리나무를 '송두환 의사 나무'로 명명하고 그의 애국애족 정신을 기리고자 합니다.

선비는 기꺼이 나라에 몸 바친다
의병장 임용상 선생

의병장 임용상

대구 앞산공원을 오르다 보면 오른쪽으로 우재이시영순국기념탑이 있고 거기서 조금 더 올라가면 오른쪽으로 '중호임용상의사지상(中虎林龍相義士之像)'이 우뚝 서있는 것을 볼 수 있습니다. 청동으로 된 임용상의사상에서 선비로서 분연히 창을 들고 일어난 그 기개를 느낄 수 있습니다.

임용상(林龍相, 1877~1958) 의사는 경북 청송 현서면 수락동에서 출생하여 청년 시절을 보내던 중 1905년 을사늑약이 강제로 맺어지자 28세의 나이로 분연히 일어나 동해안을 비롯 영천, 청송, 대구 등지에서 독립운동을 전개한 의병장입니다.

본관은 나주(羅州). 자(字)는 충서(忠瑞), 호(號)는 중호(中虎)입니다.

일찍이 민응용 문하에서 공부하여《자치통감》과《사기》에 통달하고《사서삼경》등에도 막힘이 없었다고 합니다. 그 후 자력으로

외서(外書) 등을 독습하였는데 특히 병서를 깊이 읽었다고 합니다.

애족 정신이 투철할 뿐만 아니라 효성 또한 지극하여 군내(郡內)에 널리 알려져 당시 지역의 명망인사였던 조응식, 민응용, 이능협 등 42명의 유생이 연명으로 나라에 상소하여 그해 11월 8일 통정대부의 칭호를 받았고, 청송부사로부터 쌀 5석과 명주 5필 및 쇠고기 등을 하사받아 노모봉양에 충당하였습니다.

1905년 을사늑약이 맺어지자 그는 나라를 구하기로 결심하고 가산을 기울여 국난을 호소하는 격문을 보내어 군내에서 50여 동지를 규합, 동해창의군(東海倡義軍)을 일으켜 대장(隊長)으로 추대되었습니다. 이듬해 5월 동해 방면으로 진군할 때 산남의진(山南義陣)의 대장인 정용기(鄭鏞基)가 대구 감옥에 갇히고 이한구(李韓久)를 비롯하여 정순기(鄭純基), 손영각(孫永珏) 등이 힘을 모아 의병을 이끌고 있다는 소식을 듣고 그 진에 합세하였습니다.

도총장 김원서와 함께 부총장이 되어 같은 해 8월에는 영덕 청련사를 근거지로 훈련을 계속하니 의병은 80여 명에 달했습니다.

1907년 4월 산남의진의 대장 정용기가 다시 일어났다는 소식을 들은 그는 산남의진이 동해방면에 도착할 때까지 동해지역을 확보하기로 약속하고 산남의진의 동해지구 유격장이 되었습니다.

같은 해 7월 산남의진이 동해방면으로 진격할 때 본진을 응원하여 청하읍을 함락시키고 부하들을 정비하여 본진에 들어가 좌포장이 되어 청송, 영천, 신령 등 각 고을로 진격할 때에 가는 곳마다 좌선봉이 되어 진두에서 적을 격파하였습니다.

의병장 임용상선생상(대구 앞산공원)

같은 해 8월 영천 자양에 침입한 적을 섬멸하고 서울을 향해 북상준비를 하기 위해 군수품을 모으고자 각 지대별로 활동하게 되었습니다. 이 때 선생은 한 지대를 거느리고 청송, 진보 등지에 파견되어 임무를 수행하고 있었습니다. 그 무렵 본진은 영덕군 죽장면에 자리하고 있었습니다.

그런데 그해 9월 1일 야음을 이용한 적의 대공격을 받아 혈전을 벌였으나 그만 본진이 무너지고 말았습니다. 이 소식을 들은 의사는 즉시 본진으로 돌아가 대장단의 장례를 치르고 남은 의병을 수습하였습니다.

이후 전사한 정용기 대장의 부친인 정환직(鄭煥直)이 서울에서 벼슬을 버리고 낙향하자 정환직을 본부대장으로 추대하고, 다시 부서를 정하니 의사는 역시 좌포장에 유임되어 각처의 신병을 모아 의진을 보강시키는 훈련대장이 되었습니다.

신병을 이끌고 보현산에 들어가 훈련을 마치고 내려오는 길에 흥해와 청하읍을 점령하여 400여 자루의 총과 많은 군수품을 노획하는 큰 성과를 올렸습니다.

이후 200여 명의 신병을 인솔하고 경주의 주사산성으로 들어가 그 지방의 독지가인 이형표, 윤부의 등의 인사로부터 도움을 받아 군량 및 생활 물자를 확보하여 신병 훈련에 만전을 기했습니다.

대구 주둔의 대규모 적병이 산남의진을 목표로 대규모 공세를 취한다는 정보를 접한 그는 주사산성이 대구와 경주 사이에 둘러싸여 있어서 적에게 포위 공격을 받기 쉬운 곳이라 판단하여 신병을 이끌고 운문산으로 훈련장을 옮겨 훈련을 계속하였습니다.

운문산에서 신병교육을 시키며 겨울을 보내고 있을 때 본부 대장인 정환직이 청하에서 적병에게 체포되어 영천을 거쳐 대구로 압송된다는 소식을 듣고 대장을 구출하고자 부하들을 이끌고 하양까지 달려갔으나 뜻을 이루지 못하고 다시 운문산으로 돌아갔습니다.

겨울을 보내고 1908년 2월 정환직의 뒤를 이어 최세한을 제3대 대장으로 추대하고 산남의진의 전술을 변경하여 전면적 보다는 산발적인 유격전을 벌이기로 하자 의사는 운문산 지역을 맡아 그 지역 대장으로 경주, 언양, 양산, 밀양, 영산, 창녕 등지의 적을 격파하고 군수물자를 노획하였습니다.

이후 의진을 이끌고 영산, 밀양, 창녕 등지로 이동하여 경남의진 이학노 진과 연락하며 적을 무찔렀습니다.

같은 해 6월 언양 장날에 부하들을 농부로 가장시켜 언양읍의 적의 동태를 정탐한 뒤, 그날 밤 적의 분견소 옆에 불을 놓아 적병이 당황한 틈을 타서 집중사격을 가하여 적을 사살하고 분견소를 불태웠습니다.

이후 의병을 수습하여 언양에서 밀양을 거쳐 경주, 영일을 경유하여 북상하여 청하에 당도할 무렵 갑자기 나타난 적의 대부대를 만나 격전을 벌였으나 적에게 체포되고 말았습니다.

그리하여 대구재판소에서 3년형을 언도받고 대구감옥에 갇히게 되었습니다. 출옥 후 1910년 4월에 각처의 동지를 다시 규합하여 보현산에서 유격대를 결단하고 대장으로 추대되어 청송 동부의 서종락 진과 서부의 남석구 진 등과 연락하며 행동을 같이하여 청송의 적을 격파하자 이에 적의 수비대가 공격하므로 부하를 이끌고 화산, 군위 방면을 거쳐 의성으로 진격하여 의성의 적과 격전을 벌였습니다.

그러나 신무기로 무장한 대규모의 적병으로 인해 안평전투에서 다시 적에게 체포되어 대구재판소에서 10년형을 언도받고, 두 번째 옥고를 치르게 되었습니다.

1920년 출옥하여 고향으로 돌아왔으나 처신의 어려움을 느끼고 대구에 정착하여, 3.1운동 이래 의열단을 통하여 군자금 조달에 힘을 기울였습니다.

1921년 4월에 독립투사를 숨겼다는 혐의로 다시 투옥되어 3개월 만에 풀려나왔습니다.

그 후에도 지속적으로 지하운동을 계속하던 중 1945년 광복을 맞이하였으며, 1954년 12월 30일 향년 77세로 별세하였습니다.

의사의 유해는 3.1동지회 주선으로 경북 선열 묘역에 안장되었으며 의사의 유지를 후세에 전하고자 정부기관과 각계 인사의 협찬으로 대구 대덕산 기슭에 동상을 세웠으며, 그의 출생지인 수락리 당골에 유허비가 세워졌습니다.

1977년 건국훈장 국민장이 추서되었습니다.

이에 대덕산 기슭의 임용상의사상 앞의 설송나무 한 그루를 골라 '의병장 임용상 나무'로 명명하고 그의 유지를 기리고자 합니다.

민족시에 평생을 바치다
시조시인 이호우

　앞산공원 승공기념관 맞은편 골짜기에 있는 이윤수 시인 시비에서 조금만 더 올라가면 이호우 시조시인(李鎬雨, 1912~1970)의 시비가 자리하고 있습니다.

　이 시비에는 그의 시조 〈개화(開花)〉가 새겨져 있습니다.

꽃이 피네 한 잎 한 잎
한 하늘이 열리고 있네

마침내 남은 한 잎이
마지막 떨고 있는 고비

바람도 햇볕도 숨을 죽이네
나도 아려 눈을 감네

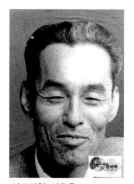

시조시인 이호우

새로운 생명이 형성되는 숭고한 순간을 섬세한 감각으로 그려

이호우 시비와 향나무(앞산공원)

내고 있습니다. 그는 이처럼 섬세한 감각으로 우리 민족의 정서를
아름답게 그려낸 시조 시인이었습니다.

　이호우 시인은 1912년 3월 2일 경상북도 청도의 내호(內湖) 마
을에서 군수(郡守) 종수(鍾洙)와 어머니 구봉래(具鳳來)의 1남 2
녀의 가운데 맏아들로 태어났습니다. 필명은 아호에서 취음하여
이호우(爾豪愚)라고 하였는데 본관은 경주(慶州)입니다.

향리의 의명학당(義明學堂)을 거쳐 밀양보통학교를 졸업하고, 1924년 경성 제1고등 보통학교에 입학하였으나, 1928년 신병으로 낙향하였습니다.

1929년 일본 동경예술대학에 유학하였으나 역시 신병의 재발로 학업을 중도에 포기하고 다음해 귀국하였고, 1934년에 김해 김씨 순남(順南)과 혼인하였습니다.

광복 후 대구일보의 편집과 경영에 참여한 것을 시작으로 1952년 대구일보 문화부장, 논설위원 등을 역임했고, 1956년 이후 2년간 대구매일신문 편집국장, 논설위원을 지냈으며, 한편으로는 시작(詩作) 활동으로 우리 시조 문학 발전에 크게 기여하였습니다.

1939년 동아일보 투고란에 〈낙엽〉을 발표한 이래, 1940년《문장》지 6.7합병호에 시조 〈달밤〉이 이병기(李秉岐)의 추천을 받음으로써 본격적으로 창작 활동에 매진하였습니다.

1955년《이호우시조집(爾豪愚時調集)》을 발간하여 주목을 받은데 이어, 1968년 누이동생 이영도와 함께 낸 시조집《비가 오고 바람이 붑니다》중의 1권인 〈휴화산(休火山)〉은 완숙한 시세계로 더욱 크게 주목을 받았습니다.

그의 시조관은 한 민족, 한 국가에는 반드시 그 민족의 호흡인 국민시가 있어야 하는데, 그것을 시조에서 찾아야 한다고 밝히면서 국민시는 간결한 형(型)과 서민적이고 주변적이며 평명(平明)한 내용을 갖추어야 한다고 주장하였습니다. 그의 이러한 태도는 작품에 잘 반영되어 있습니다.

그는 거의 평생을 시조에 전념하다가 1970년 심장마비로 별세하였습니다. 사후 대구 앞산공원에 시비가 세워졌고, 고향인 청도 내호리 마을 앞에 누이 이영도와 함께 남매 시조 공원이 조성되었습니다.

경산에서 청도로 넘어가는 고개에는 초등학교 국어 교과서에도 나오는 시조 〈살구꽃 핀 마을〉을 새긴 비석이 서있습니다.

살구꽃 핀 마을은 어디나 고향 같다.
만나는 사람마다 등이라도 치고지고,
뉘 집을 들어서면은 반겨 아니 맞으리.

바람 없는 밤을 꽃 그늘에 달이 오면
술 익는 초당(草堂)마다 정이 더욱 익으리니,
나그네 저무는 날에도 마음 아니 바빠라.

언제 읽어보아도 우리의 정서를 정말 아름답게 그려내고 있음을 느낄 수 있습니다. 다음은 그의 대표작인 〈달밤〉입니다.

낙동강 빈 나루에 달빛이 푸릅니다.
무엔지 그리운 밤 지향없이 가고파서
흐르는 금빛 노을에 배를 맡겨 봅니다.

낮익은 풍경이되 달 아래 고쳐 보니,
돌아올 기약 없는 먼 길이나 떠나온 듯,
뒤지는 들과 산들이 돌아 뵙니다.

아득히 그림 속에 淨化(정화)된 초가집들,
할머니 조웅전(趙雄傳)에 잠들던 그 날 밤도
할버진 율(律) 지으시고 달이 밝았더니다.

미움도 더러움도 아름다운 사랑으로
온 세상 쉬는 숨결 한 갈래로 맑습니다.
차라리 외로울망정 이 밤 더디 새소서

　1955년 첫 작품집인 《이호우 시조집》으로 제1회 경북문화상을
수상하였으며, 편저로는 《고금시조정해(古今時調精解)》가 있습
니다.
　이에 앞산 공원 시비 앞의 향나무 한 그루를 '이호우 나무'로
명명하고 그의 아름다운 서정을 기리고자 합니다.

호랑이처럼 지켰다
의병장 우배선 선생

달서구 상인네거리에서 앞산 쪽으로 들어서자마자 만나게 되는 상인아파트 뒤에는 월곡공원(月谷公園)이 있습니다.

이 일대는 고려 말기 매우 번성하였던 단양우문(丹陽禹門)이 조선 초기 정치적으로 실각하여 입향(入鄕)한 곳으로, 문중 소유의 땅 상당 부분을 인근 주민들을 위해 공원에 포함시켜 개발하도록 해준 의미 있는 공간입니다.

또한 공원조성과 함께 건립한 '월곡역사박물관'은 600여 년이라는 긴 문중사(門中史)를 정리한 것이기도 하지만 농촌 마을이 어떻게 도시화되어왔는지를 보여주기도 하는, 뜻 깊은 공간으로서 산 교육장 역할을 하고 있습니다.

도심지의 금싸라기 같이 비싼 땅을 공원으로 만드는데 내놓고 문중 돈을 들여 박물관(博物館)을 지은 것도 따지고 보면 이러한 선조들의 훌륭한 이타(利他)정신이 후손들에게 변하지 않고 이어온 덕분이 아닌가 합니다.

이곳에 아름드리 회화나무가 한 그루 서 있는데 대구광역시에

월곡마을 우배선 나무(회화나무)

서는 이 나무를 '월곡 우배선 나무'로 명명하고 그를 기리고 있습니다. 대구시녹지과장을 지내며 향토 역사 연구에 노력하신 이정웅 선생님의 설명을 요약하면 우배선 나무의 내력은 다음과 같습니다.

우배선(禹拜善, 1569~1621) 선생의 본관은 단양(丹陽)이고, 호는 월곡(月谷)입니다. 그의 집안은 본래 충청도 단양군의 토성으로 고려 중기까지 지방 토착 세력으로서 호장을 세습해 오다가 원

나라 지배기에 중앙 정계로 진출하면서 사족화하였습니다. 그 후 고려 말에 이르러서는 가문이 크게 번성했으나 조선 초기에 정치적으로 실각하여 특히 개국공신인 정도전 등에 의해 큰 화를 입게 되자 남쪽으로 내려와 이곳에 정착하였습니다.

우배선 선생은 일찍이 부모를 여의고 집안 살림을 도맡아 하다가 1592년 임진왜란이 일어나자 24살의 젊은 나이에도 가재를 털어 의병을 모집, 왜군과 싸워 연전연승하였습니다. 그리하여 임진왜란 뒤 곽재우, 김면, 정인홍 등과 함께 선무원종 1등 공신에 책봉되었습니다.

그는 의병 활동의 기록으로 〈창의실록〉을 남겼는데 이를 살펴보면 1592년 4월 임진왜란의 발발과 함께 비슬산 장수동에서 50여 명의 의병을 모아 화원, 월배, 비슬산, 최정산, 대덕산 등지에서 주로 활약하였는

우배선에게 내린 교지

데, 이듬해인 1593년 5월에는 의병의 규모가 100여 명으로 성장하였음을 알 수 있습니다. 의병은 주로 상인동 지역의 주민을 중심으로 구성되었는데 그 조직은 기병, 보병, 사수, 포수, 창수 등으로 그 역할을 맡았다고 합니다. 전공으로는 목을 벤 참(斬)이 65, 사살 56, 작살 112로 그 수가 엄청났다고 합니다.

당시 대구는 부산에 상륙한 왜적들의 3개 북상로(北上路) 중에서 우도(右道)와 중도(中道) 즉 2개 주력부대가 통과하는 길목이었기 때문에 더욱 피해가 커서 향교(鄕校)가 유린당하고, 달성 하

빈 묘골의 태고정(太古亭)과 현풍 도동서원(道東書院)의 전신인
쌍계서원(雙溪書院)이 불타는 등 수많은 가옥과 문화재가 파괴되
었습니다.

이에 우배선 선생은 매복 추격, 접전, 야간 기습, 유인 작전, 유
격 전술 등의 다양한 전술을 구사하며 왜군을 괴롭혔습니다. 특히
주목되는 점은 당시 다른 지역의 의병들에서는 찾아 볼 수 없는
첩보, 방첩 등의 정보활동을 구사하였다는 것입니다.

그리하여 초토사 김성일(金誠一)의 천거로 예빈사참봉에 기용
되고 계속해서 군기사판관이 되었으며, 이어서 합천군수에 임명
되었으나 곧 관직을 버리고 귀향하였습니다.

그 뒤 조정에서는 다시 선생을 불러 1600년 금산군수, 1603년

월곡마을 장지산의 소나무

다시 낙안군수에 임명하였으며, 1604년 선무원 종공신에 책록하였습니다. 선생의 숭고한 구국 활동에 대한 응당한 대우가 아닌가 합니다.

이러한 내용은 공원 경내의 '의병장 월곡 우배선 선생 창의 유허비'에 새겨져 있고, 이곳에 2002년 개관된 '월곡역사박물관'에는 선생에 대한 각종 유물을 전시하고 있습니다.

또한 유허비 앞에는 보기 드문 비석인 의마비(義馬碑)가 자리하고 있습니다. 이 비는 선생이 평소 타고 다닌 말을 기리는 비(碑)로서 이 말은 전장(戰場)에서 적(敵)이 쏜 화살을 주인 대신 맞았을 뿐만 아니라 선생이 돌아가시자 아무것도 먹지 않고 버티다가 3일 만에 숨을 거두었다고 합니다. 이로 보면 우리 대구 지역에서는 하나 뿐인 '동물사랑비'라 할 수 있습니다.

경내 낙동서원(洛東書院)에는 선생을 포함하여 역동(易東) 우탁(禹倬, 1262~1342), 제자 신현, 역동 선생의 아드님 우길생, 동문(同門) 우현보 선생 등이 제향 되고 있는데, 공원 앞 장지산(長旨山)에는 꾸불꾸불한 노송(老松)이 단양우문(丹陽禹門)의 기개를 상징하고 있습니다.

북구

의병장 구회신 / 사육신 김문기 / 효자 서명보 / 대제학 이문화와 의병장 이주
판관 유명악 / 매양서원 송원기 / 독립투사 장윤덕

백성을 구하러 먼 길 달려왔다
의병장 구회신 선생

　북구 서변동 서변초등학교 옆 산기슭에 송계당(松溪堂)이라는 아담한 건물이 있습니다. 1659년에 지어졌는데 1960년에 중건하였다고 합니다.

　이 건물은 고려 말기의 충신으로 두문동(杜門洞) 72현(賢)중의 한분인 송은(松隱) 구홍(具鴻)과, 선생의 8대손으로 임진왜란 때 대구에서 의병을 일으킨 계암(溪岩) 구회신(具懷愼)의 절개와 위업을 기리기 위해 후손들이 세운 건물이라고 합니다. 후손들은 이 건물의 당호를 두 분의 호인 '송은' 과 '계암' 의 머리글자를 따서 '송계당' 이라 하였다고 합니다.

　구홍의 본관은 능성(綾城)으로서 좌정승공파(左政丞公派)의 시조(始祖)입니다. 고려 우왕 때 밀직부사(密直副使)를 거쳐 우정승(右政丞)에 이르렀으나, 고려가 망하자 두문동(杜門洞)에 들어가 절의를 지켰습니다. 그 후 1403년(조선 태종 3년)에 그의 절개를 인정받아 좌정승(左政丞)에 추증되었습니다.

　두문동은 경기도 개풍군 광덕면(光德面) 광덕산 서쪽 기슭에 있

송계당

던 옛 지명으로, 72현이 이곳에 들어와 마을의 동서쪽에 모두 문을 세우고는 빗장을 걸어놓고 밖으로 나가지 않은 것에서 유래되었다고 합니다. 즉 '두문동 72현'이라고 하면 고려가 망할 때 이성계(李成桂)를 비롯한 조선의 개국 혁명 세력에 반대한 고려의 유신(遺臣)으로서 이 두문동에 들어가 절의(節義)를 지킨 충신열사(忠臣烈士)를 지칭하는 말입니다.

이때부터 '문을 닫다' 또는 '문을 막다'는 의미로 '두문동'이라는 말이 생겨났는데 외부와 단절하는 동리(洞里)라는 의미입니다. 그리하여 이들은 불사이군(不事二君)의 절개를 지키고자 하였던 것입니다.

구홍 선생을 비롯한 두문동 72현은 고려가 망하자 조천관(朝天

冠)을 벗어 나무에 걸어놓고 폐양립(蔽陽笠)을 쓰고 두문동으로 들어갔다고 합니다. 조천관은 관원이 쓰는 관(冠)을 말하는데 그들은 자신들의 나라인 고려가 망하였으므로 그것을 버리고, 해를 가리는 폐양립을 썼던 것입니다. 폐양립은 '밝음을 가리는 삿갓'이라는 뜻이니 자신들이 고려 사직을 지키지 못하였으므로 하늘을 볼 수 없다는 것이었습니다.

이들이 관을 벗어 걸고 넘어간 고개를 괘관현(掛冠峴)이라 하였고, 나라에서 주는 녹(祿)을 배척한 동리를 배록동(排祿洞)이라 하였으니 우리는 이러한 지명을 통해서도 그들의 절의정신을 짐작할 수 있습니다.

구회신 나무(소나무)

두문동 72현은 조선이 개국한 후 혁명세력에 의하여 끊임없이 회유와 강압을 받았으므로 자연히 그들에 대한 논의는 금지되었으며, 따라서 그들의 행적을 기록한 문헌은 온전히 보존되지 못하여 자세한 것은 전하지 않습니다.

구씨 문중 관계자에 따르면, 동변동 입향조는 계암(溪岩) 구회신(具懷愼)이었습니다. 구회신은 시조인 구홍의 8대손으로 의성에 살던 중 임진왜란이 나자 분연히 일어나 대구 공산으로 참전하였다가 전쟁이 끝난 후 이곳에 정착했다는 것입니다. 그 후 그의 손자 대에 지었다는 '화수정(花樹亭)'도 서변동에 잘 보존되어 있습니다.

뿐만 아니라 팔공산 자락은 물론 수성구 범어동 뒷산에도 능성 구씨들의 산소가 잘 보존되어 있습니다.

올곧은 선비들이 우리 이웃에 연고를 두고 살아왔던 것입니다.

이에 송계당 뒤의 아름드리 소나무를 '구회신 나무'로 명명하고 그 충절을 기리고자 합니다.

소나무는 우리나라 사람들이 가장 좋아하는 나무로서 예로부터 귀한 대접을 받아왔습니다. 소나무의 '송(松)'은 '나무 목(木)'변에 '공변될 공(公)'이 합쳐진 글자입니다. '공변되다'함은 '사사롭지 않다'는 것이니 누구에게나 유용한 나무라는 뜻을 지니고 있다 하겠습니다.

강물을 바라보며 의를 새기다
사육신 김문기 선생

　북구 노곡동에 가면 사육신 중의 한 분인 김문기(金文起) 선생을 모신 재각 경의재(景毅齋)가 자리하고 있습니다. 금호강에서 마을을 향해 서면 오른쪽 산비탈에 일자형 8칸 겹처마집이 의젓하게 손님을 맞습니다.

　선생의 출생지는 충북 옥천군 이원면 백지리이나 조선 초기인 1439년(세종 21년)에 경상도 아사(亞使)로 대구에 부임하여 대구와 인연을 맺었습니다. 그로부터 선생은 이곳 노곡동에 거처를 마련하고 우국충정을 길렀던 것입니다.

　이후 선생은 서울로 진출하였고 마침내 역사의 소용돌이 속에서 장렬히 자신의 목숨을 바쳤던 것입니다.

　이에 선생이 머물렀던 그 옛터에 선생의 충절과 유훈을 기리기 위하여 후손인 노연(路淵), 서연(書淵) 등이 주관이 되어 이 재각을 세운 것입니다. 재각 안에는 선생의 일생과 업적을 새긴 비가 세워져 있는데 비각 이름인 태충각(泰忠閣)이 예사롭지 않습니다.

선생의 본관은 김녕(金寧)이고 초명은 효기(孝起)였습니다. 자는 여공(汝恭), 호는 백촌(白村)입니다. 할아버지는 호조판서를 지낸 순(順)이며, 아버지는 증 영의정 관(觀)입니다.

1399년(정조 1년)에 태어난 선생은 1426년(세종 8년) 문과에 급제하여 한림학사를 거쳐 예문관검열, 사간원헌납, 병조정랑 등을 지냈습니다. 1445년 함길도도진무, 1450년에는 병조참의를 지냈고, 1451년(문종 1년) 함길도관찰사로 있을 때 안변 · 정평 등지에 둔전(屯田)을 설치했습니다.

공조판서 겸 삼군도진무에 오른 뒤 세조가 왕위를 찬탈하자, 1456년(세조 2년) 박팽년(朴彭年), 성삼문(成三問) 등과 단종 복위를 계획하고 병력 동원 책임을 맡았습니다. 그러나 김질(金礩)의 밀고로 아들 현석(玄錫)과 함께 처형당하고 말았습니다.

당시 처형당한 여러 사람 중에 여섯 사람을 골라 특별히 사육신(死六臣)으로 불렀습니다. 사육신은 남효온(南孝溫)이 쓴 《추강집(秋江集)》 중 〈육신전(六臣傳)〉에 의해 더욱 세상에 널리 알려지게 되었는데 여기에는 하위지, 박팽년, 이개, 성삼문, 유성원, 유응부로 되어있습니다.

그런데 이 계유정난(癸酉靖難) 당시 남효온은 3살에 지나지 않았으므로 직접 보지 못했고, 당시 여러 기록과 맡은 일의 무게로 볼 때에 유응부 보다는 김문기가 들어가야 한다는 의견이 대두되었습니다. 김문기는 유응부보다도 벼슬이 더 높았고 박팽년과는 내외종간(內外從間)이었으므로 보다 막중한 임무를 맡았다는 것입니다.

김문기 선생의 신도비를 모신 태충각

또한 당시 세조를 향해 끝까지 '전하'라고 부르지 않고 '나으리'라고 불렀는데 "나으리가 역적인데 어찌 우리를 보고 역적이라고 하느냐?"며 끝까지 굴복하지 않았던 것이 증명된 것입니다.

이에 1977년 7월 국사편찬위원회는 사육신 문제를 엄밀히 논의한 끝에 김문기를 사육신의 한 사람으로 현창(顯彰)하고, 그의 가묘를 노량진 사육신 묘역에 설치하였습니다. 그러나 유응부도 빼지는 않기로 하였습니다. 그러니 결국은 사칠신(死七臣)이 되는 셈입니다.

아마도 사육신은 생육신과 대칭을 이루기 좋았기에 나온 명칭

경의재 뒤의 사육신 김문기 나무(소나무)

이라고도 볼 수 있지 않을까 합니다.

이처럼 역사의 중심에 서서 의를 지켜낸 분이 우리 지방에 발을 딛고 우리 선조들과 함께 살아왔던 것입니다.

훗날 선생은 복관되었으며 1791년(정조 15년)에는 민신, 조극관과 함께 삼중신(三重臣)의 한 사람으로 선정되었고, 금릉군 지례 섬계서원(剡溪書院)에 제향되었습니다. 시호는 충의(忠毅)입니다.

노곡동 경의재 뒤편에는 곧은 소나무 한 그루가 서있어 지금도 당시 충의공의 절개를 말해주고 있습니다. 이에 이 소나무를 감히 '김문기 나무'로 명명하고 당시의 의인들을 기리고자 합니다.

백행지본을 실천에 옮기다
효자 서명보

북구 산격 1동 1134-1번지에 가면 고색창연한 비각이 하나 서 있습니다. 서명보(徐命普, 1704~1778)의 효자각(孝子閣)입니다. 1802년에 지어졌으니 무려 200여 년 전의 건물입니다.

이 효자각은 조선 숙종 때의 효자 서명보의 효행을 세상에 널리 알리기 위해, 경상도 지방에 내려온 암행어사의 품신(稟申)에 따라 순조(純祖) 2년에 나라에서 건립하였습니다.

비문은 김희순(金羲淳)이 찬(撰)하고, 글씨는 서명보의 증손(曾孫)인 식렬(寔烈)이 썼다고 되어 있습니다. 김희순은 당시 이곳의 높은 관리로서 공식 직함은 숭정대부행이조판서겸판의금부사 지경연춘추관사홍문관제학 운문관제학동지성균관사 오위도총부도총관 세자좌자객(崇政大夫行吏曹判書兼判義禁府事 知經筵春秋館事弘文館提學 芸文館提學同知成均館事 五衛都總府都總官 世子左資客)으로 되어 있습니다.

서명보는 부친의 병간호를 위해 여러 가지 약재를 구해오는 등 지극한 정성을 기울였는데, 그가 24년간 하루도 빠뜨리지 않고 기록한 간병일기인《시탕록(侍湯錄)》은 보는 이로 하여금 눈물을 흘리게 하였다고 합니다. 이《시탕록》에는 아버지께 드린 약의 종류, 아버지의 안색, 기침 소리는 물론 심지어는 대변의 상태까지 자세히 적어놓고 있었던 것입니다.

서명보는 일곱 살이 되던 해에 어머니를 여의고 많은 고생을 하였습니다. 그 후 청년이 되었을 때에는 아버지마저 병이 들자 온갖 어려운 일을 마다하지 않았습니다.

서명보는 아버지의 대소변을 얼굴 한번 찡그리지 않고 받아 내었을 뿐만 아니라 얼마 되지 않은 농사를 지으면서 틈틈이 나무를 해다 팔아서 약을 구해 왔습니다. 서명보의 아내도 밤을 새워가며 길쌈을 하고 삯바느질도 해서 시아버지의 약값에 보태었습니다.

아버지의 병에 산비둘기가 좋다는 말을 듣고 그물을 쳐 놓았더니 산비둘기가 마당으로 날아들었고, 꿩이 좋다고 하여 꿩을 잡으러 나서는데 부엌 뒷문으로 장끼가 날아들었다고 합니다.

세월이 흘러 아버지의 병이 위독해지자 손가락을 잘라 피를 입에 넣어 소생케 하기를 여러 번 하였습니다. 그러나 세월이 흘러 어쩔 수 없이 아버지가 돌아가시자 아버지의 무덤 앞에 여막을 지어놓고 3년 동안 시묘하였습니다. 그리하여 고을 사람들이 모두 감동해마지 않았습니다.

그 후 서명보 마저 세상을 떠났으나 이곳을 찾아온 암행어사가 주민들이 칭찬하는 서명보의《시탕록》을 보고, 나라에 추천하여 지금의 상공부 장관에 해당하는 '공조좌랑(工曹佐郎)' 이라는 벼슬을 내렸을 뿐만 아니라, 그 집 앞에 붉은 기둥의 정문(旌門)과

효자각을 세웠던 것입니다.

이처럼 지극한 정성은 언젠가는 그 공을 인정받게 되는 것입니다.

서명보의 자(字)는 화극(華極)이고, 호(號)는 북곽(北郭)이며 본관(本貫)은 달성(達城)으로서 북구 연암산에 있는 구암서원(龜岩書院)에 모셔진 구계 서침(龜溪 徐沈) 선생의 14세손입니다.

이에 이 비각 근처의 노목 한 그루를 골라서 '효자 서명보 나무'로 명명하고 그 효성을 기리고자 합니다.

대를 이어 의를 세우다
대제학 이문화 선생과 의병장 이주

　북구 서변동 성북초등학교 정문 못미처 왼쪽으로 바라보면 서계서원(西溪書院)을 만나게 됩니다. 한일자형 4칸 홑처마 팔각지붕의 품위가 예사롭지 않습니다. 서계서원은 인천 이씨(仁川 李氏)의 재실(齋室)로 1824년에 세워졌습니다.

　이 서원은 조선 태종 조에 대제학과 대사헌 등을 역임한 오천(烏川) 이문화(李文和, 1358~1414) 선생의 학문과 덕행을 추모하기 위하여 후학들이 창건하였습니다.

　선생은 어려서 율정 윤택(栗亭 尹澤) 선생에게 배웠고 커서는 목은 이색(牧隱 李穡)과 포은 정몽주(圃隱 鄭夢周) 선생으로부터 배웠습니다. 선생은 양촌 권근(陽村 權近), 도은 이숭인(陶隱 李崇仁), 상촌 김자수(桑村 金自粹) 등과 같은 당대의 덕망 있는 학자들과 교류하였습니다.

　고려 우왕 때 23세의 나이로 대과에 장원급제하여 우정언, 예문응교 등에 임명되어 벼슬자리에 나아갔으나 가뭄이 들어 백성들의 살림이 어려운데도 조정의 관리들이 밤에 잔치를 하는 것을 보고 '이것이 어찌 선비가 할 짓인가?' 하며 탄식하고 더 이상 조정에 나아가지 않았습니다.

절의의 표상인 정몽주도 이 무렵 낡은 정치를 고치지 못하고 벼슬에 몸담아 있었던 것은 옳은 처신이 아니었다는 비판을 받고 있는 것을 보면 당시 선생의 결단은 대단한 우국충정의 표상이라고 할 수 있습니다.

그러다가 조선이 들어서서 태조가 올곧은 선비를 찾던 중 발탁되어 경기도 안렴사가 되었습니다. 이때 조정에서는 민심 수습 차원에서 늙은 신하들에게 검교시중(檢校侍中)이라는 벼슬을 마구 내렸습니다. 이에 선생은 "벼슬은 만인이 따를 수 있는 업적이 있어야만 내릴 수 있습니다. 단순히 늙었다는 이유만으로 함부로 벼슬을 내리면 도리어 백성들이 우습게 볼 것입니다"하며 벼슬 제도를 바르게 할 것을 건의하였습니다. 이에 조정에서는 과거 제도를 강화하고 인물의 업적 심사를 보다 엄격히 하게 되었습니다.

또한 선생은 원칙에 충실하여 태조가 사초(史草)를 보려하자 선생은 그 부당함을 지적하며 "사기(史記)란 숨김없이 써야 하는데 만약에 임금이나 대신이 이를 보게 된다면 숨김이 있고 사실 그대로를 곧게 쓰지 못할 것이기 때문에 보아서는 아니 됩니다"하고 끝까지 보여주지 않았습니다.

1400년 정월에 왕자 방간(芳幹)이 반란을 일으키려 하자 정종은 선생으로 하여금 가서 타이르라 하였습니다. 선생이 서둘러 달려갔으나 방간은 이미 군사를 일으킨 뒤였습니다. 이에 선생은 세자의 변란에 과격하지도 않고 또한 무조건 따르지도 않으면서 사회

서계서원 뒤 이문화 나무(소나무)

를 안정시키는데 기여하였으므로 《시경(詩經)》에 나오는 이른바 '아침부터 밤까지 조심하고 경계하여 좋은 명예를 길이 보전한다' 는 구절이 선생에 어울리는 말이라는 평을 받았습니다.

이후 계속해서 정국이 어지러웠으나 어느 쪽에도 쏠림이 없이 공평하게 업무를 처리하여 선생을 탓하는 사람은 없었습니다.

이자겸(李資謙), 이인로(李仁老) 등이 같은 문중의 명사들입니다.

서계서원 경내 왼쪽에는 환성정(喚惺亭)이 우뚝 서 있는데 이는 선생의 8대손으로 임진왜란 때에 대구 일원의 의병장으로 큰 공을 세운 태암공(苔巖公) 이주(李輈) 선생을 기리는 정자입니다.

환성정과 마당의 배롱나무

　서계서원 현판은 조선 말기의 명필 윤용구(尹用求)가 썼고 환성
정 현판은 대원군이 썼습니다. 이로 보면 이 집안의 업적이 어떠
하였던가를 짐작할 수 있습니다.

　근대 인물로는 독립 운동에 몸을 바친 이경희(李慶熙), 이강희
(李康熙) 형제가 있는데 이들은 선생의 19대손이고, 태암공 이주
의 11대손입니다. 이경희 선생의 독립 운동 기념비는 현재 대구
효목동 광복회관 입구에 세워져 있습니다.

　이에 환성정 앞의 아름드리 배롱나무는 '의병장 이주 나무'로
하고, 서원 뒤의 늙은 소나무는 '대제학 이문화 나무'로 명명하여
이 문중이 세운 공덕을 기리고자 합니다.

　배롱나무는 '목백일홍'이라고도 하여 한번 꽃이 피면 100일이
넘게 그 붉음을 간직합니다. 그리하여 일편단심의 표상이 되므로
재실이나 서원에 많이 심고 있습니다.

목민관의 할 일은 민생에 있다
판관 유명악

경북대학교 구내의 월파원(月波園)에는 '판관유후명악거사비(判官兪候命岳去思碑)', 판관유후명악청덕선정비(判官兪候命岳淸德善政碑), 판관유후명악영세부지비(判官兪候命岳永世不志碑), 판관유후명악애민선정비(判官兪候命岳愛民善政碑) 등 판관 유명악과 관계있는 비석이 많이 있습니다.

이 비(碑)들은 대구판관(大邱判官)을 역임한 유명악(兪命岳)을 기리기 위해 1716년경 숙종조에 대구부민들에 의해 건립된 것입니다. 이 비들은 대구의 수북(守北, 현 황금동과 범어동 일대) 지방에 흩어져 있었는데 도시가 개발되면서 가까운 수성초등학교 경내로 모았다가 1994년 7월에 일괄하여 경북대학교 안의 현재 자리로 옮긴 것입니다.

이 비들은 대개 비슷한 크기인데 '판관유후명악거사비(判官兪候命岳去思碑)'의 경우는 비신(碑身)이 연청색(軟靑色) 수세암(水洗岩)으로 높이가 80㎝, 폭이 34㎝이며, 두께 18㎝입니다.

유명악은 기계 유씨(杞溪 兪氏)로 일찍이 부모를 여의었으나,

판관 유명악 선정비(경북대)

학자 김창흡(金昌翕)에게서 배워 문명(文名)을 떨쳤습니다.

1689년(숙종 15년) 기사환국으로 송시열(宋時烈)이 화를 당하자 그를 변호하는 상소를 올렸으며, 1694년 갑술옥사로 송시열이 신원(伸寃)되자 비로소 벼슬에 뜻을 두고 1705년 사마시에 응시하여 합격하였습니다. 이후 의금부도사가 되고 지방의 수령을 거쳐 청주목사가 되었습니다.

1713년(숙종 39년)부터 1716년(숙종 42년) 정월까지 대구판관으로 재임했는데 많은 선정을 베풀었습니다.

유명악이 선정을 베푼 증거로는 경북대학교 구내에 있는 또 다른 비석인 '석빙고비'에도 잘 나타나 있습니다. 이 비석에 따르면 대구 아미산((蛾尾山: 지금의 대구시 반월당에서 남문 시장가는 마루턱 우측 언덕. 현재 동아쇼핑 건너편)에 초개빙고(草蓋氷庫)가 있었는데 지붕을 덮기 위해 3년마다 부민들로부터 짚을 거두었기로 민폐가 심하였다고 합니다.

이에 유명악이 영남감영에서 보관하고 있던 쌀 800석을 원조 받아 9칸의 석빙고로 개축(改築)함으로써 부민(府民)들에게 경비부담도 주지 않았고 영구히 민폐를 덜어주어 부민들이 칭찬이 자자하였다는 것입니다.

이밖에도 달성군 화원읍 명곡리에도 유명악의 선정비가 비각 안에 안치되어있습니다. 이 비석에 따르면 유명악이 판관으로 있을 당시 흉년이 들어 굶주리는 백성에게 곡식을 나누어 주어 백성이 편안하게 살아갈 수 있도록 한데 대해 그 고마움을 새긴다고 하였습니다.

이 유명악의 아들이 조선 시대 영조조(英祖朝)의 명상(名相)으로 이름 높은 유척기(兪拓基)입니다. 유척기도 우리 대구에서 학문을 익히고 그 절의를 다졌으므로 우리 대구와 인연이 깊은 사람입니다.

이에 유명악이 대구 판관으로 있으면서 발길이 닿았음직한 황금동, 수성동, 남산동, 화원 명곡리 등에 있는 고목 중에 한 그루를 골라 '대구판관 유명악 나무'로 명명하고 그의 선정을 기리고자 합니다.

폭정을 외면하고 어이 선비라 하리
매천동 매양서원 송원기 선생

지금의 매천초등학교 오른쪽 골목으로 4~5분 걸어 들어가면 역시 오른쪽 양지 비탈에 매양서원(梅陽書院)이 자리하고 있습니다. 이 서원은 1831년에 세워진 것을 최근 중수하였는데 조선 광해군(光海君) 때의 문신 아헌공(啞軒公) 송원기(宋遠器) 선생의 위패를 모시고 있습니다.

송원기 선생은 선조의 뒤를 이어 임금의 자리에 오른 광해군 때에 사간원(司諫院)의 정언(正言)으로 봉직하고 있었습니다. 사간원은 나라의 잘못을 아뢰는 관청으로 간원(諫院) 또는 미원(薇院)이라고도 하였습니다. 사헌부·홍문관과 함께 대간 또는 3사로 통칭되는 중요한 관청으로, 잘못된 논리를 바로 세워 나라가 바른 길로 가도록 이끌어야 했던 언관(言官)이었습니다.

당시 광해군은 임진왜란으로 어지러워진 정국의 질서를 바로 세우고 외교를 강화하는 등 전후 나라의 안정에 기여하기도 하였으나 당파 싸움에 휘말려 영창대군 등 형제를 살해하고, 계모이기는 하지만 어머니 인목대비를 폐하는 등 패륜을 저지르기도 하였습니다.

이에 선생은 분연히 임금에게 나아가 그 잘못을 하나하나 제시하고 이를 수습하기 위한 조치를 강구하도록 간하였던 것입니다.

그러자 무자비한 칼날이 정직한 신하였던 선생에게로 돌아오게 되자 선생은 자신의 호를 '벙어리'라는 뜻을 가진 '아헌(啞軒)'으로 고치고 지금의 매천동 지역으로 내려와 서원을 세우고 후진을 양성 하였던 것입니다.

선생이 이곳으로 내려온 것은 그의 선조들이 이곳에 정착하고 있었기 때문이었습니다. 선생의 선조들은 400여 년 전 합천 지역에서 현재의 태전교 남쪽으로 옮겨와 정착하였습니다. 이때 내를 사이에 두고 두 마을이 형성되었는데 현재 매천1동은 매남(梅南)으로, 매천2동은 송천(松川)으로 불리었습니다. 그러다가 광복 후에 두 마을을 합쳐 '매'와 '천'을 따서 매천동이 된 것이었습니다.

선생은 야성 송씨(冶城 宋氏)로 1548년에 태어나 선조6년(1573)에 사마시(司馬試)에 합격하여 벼슬자리에 나아갔습니다. 후에 유림에서 선생의 공을 인정하여 불천지위(不遷之位)로 모셔졌습니다.

불천지위는 불천위(不遷位)라고도 하는데 글자 그대로 함부로 옮기지 않고 영원히 사당(祠堂)에 위패를 모셔서 기일제, 차례, 춘추 향사(春秋 享祀)등 여러 제사를 올리는 존경 받는 위치를 말합니다.

불천위에도 종류가 있는데 국불천(國不遷), 유불천(儒不遷), 사불천(私不遷)이 있습니다.

국불천은 나라에서 지정하는 것으로 이름난 학자나 나라에 크게 공헌한 충신에게 내립니다. 퇴계 이황 선생, 서애 류성룡 선생, 학봉 김성일 선생 등이 대표적인 국불천입니다.

유불천은 지역 선비들의 모임인 유림에서 학덕이 높은 분을 기리기 위해 지정하고, 사불천은 각 문중에서 훌륭한 조상으로 여겨 지정하는데 이 경우에라도 그 고장에서 자타가 공인하는 훌륭한 분이라야 지정이 가능합니다. 그렇지 않고 문중에서 사사로이 불천위라고 칭하면 도리어 웃음거리가 되고 맙니다.

불천위의 제사 중 기일제와 차례는 집안의 사사로운 제사로 여겨 유림에서 참사하지 않지만, 춘추 향사는 유림에서 주관하므로 초헌(初獻), 아헌(亞獻), 종헌(終獻), 축관(祝官) 등이 모두 후손이 아닌 유림이 맡아 행합니다. 그리하여 요즘은 초헌관으로 시장이나 군수가 되는 경우가 많습니다.

향토 유림에서 불천위로 존숭하는 아헌 송원기 선생을 모시고 있는 매양서원 건너편에 오래된 은행나무 한 그루가 우뚝 솟아 있습니다. 이에 이 은행나무를 '아헌 송원기 나무'로 명명하고 그 강직한 선비 정신을 기렸으면 합니다.

은행나무는 옛날 공자(孔子)가 이 나무 밑에서 단을 놓고 학생들을 가르쳤기로 행단목(杏亶木)이라고도 합니다. 이에 중국에서는 '행단'이라고 하면 가르치는 곳을 말합니다. 이에 영향을 받아 우리나라에도 서원이나 향교, 절에서 은행나무를 많이 심었습니다.

조국을 위한 죽음은 헛되지 않다
독립투사 장윤덕 의사

경북대학교 정문에서 구내 박물관을 향하다보면 좌우로 긴 삼각형 모양의 시멘트 조형물 안에 검은 비석이 우뚝 솟아있는 것을 볼 수 있습니다. 경북 예천 출신의 독립투사 장윤덕(張胤德, 1872~1907) 의사의 순국기념비입니다.

자료에 따르면 한말의 의병장 장윤덕 의사는 1872년 7월 6일 경북 예천에서 출생하여 1907년 9월 16일 순국한 것으로 되어있습니다. 아래 자료는 브리태니커 백과사전에 실려 있는 내용입니다.

본관은 안동(安東). 자는 원숙(元淑), 호는 성암(惺菴). 아버지는 재안(載安)이다. 예천군 수서기(首書記)로 재직했으며 1905년 12월 을사조약이 강제 체결되자 사임했습니다.
1907년 이토 히로부미(伊藤博文) 등을 비롯한 일제 고관과 을사오적을 처단하기 위해 서울로 올라왔으나, 배신자의 밀고로 실패하고 고향으로 내려가 재차 거사할 기회를 엿보았습니다. 고종의

장윤덕 의사 순국기념탑과 왼쪽의 버드나무

강제 퇴위와 군대해산으로 정미의병이 전국적으로 궐기하고 문경에서 이강년(李康年)이 의병을 일으키자, 각처에 창의격문을 돌리고 300여 명의 의병을 규합하여 이강년 의진에 합류했습니다.

이강년 휘하의 의병장으로 주로 풍기·봉화·문경·용궁·예천 등지에서 활동했으며, 7월 9일 일본경찰과 교전하여 경찰 보조원 3명과 순검 2명을 사살했습니다. 8월 27일 의병 300명을 이끌고 풍기에 있는 일경분파소를 습격하여 1명을 사살했으며, 31일에는 봉화분파소를 습격, 소각했습니다.

그 후 9월 3일에는 문경읍으로 나가 일본인 2명을 사살하고 일본인 가옥을 소각했다. 9월 10일에는 이강년·민긍호 연합부대와 합세하여 1,000여 명의 병력으로 문경면 갈평리에서 일본 경찰대 및 수비대와 교전하여 5명을 사살했습니다.

9월 12일 예천읍을 습격하고, 16일에는 대구수비대와 교전했으나 패배했습니다. 결국 의병진은 와해되고 그는 총상을 입고 체포되어, 상주 함창면 구향리에서 총살당했습니다. 1968년 건국훈장 국민장이 추서되었습니다

당초 기념비 왼쪽에 서있던 버드나무를 '장윤덕 의사 나무'로 했으면 하였으나 지금은 그 나무가 사라졌기로 그가 순국한 상주 함창면 구향리에 있는 적절한 나무 하나를 골라 '장윤덕 의사 나무'로 명명했으면 어떨까 합니다.

중구

수운 최제우 / 구암서원 서침 / 고월 이장희 / 민족운동가 서상돈과 김광제 / 박태원·박태준 형제
이상화 시인 / 근대화가 이인성 / 음악가 현제명

사람답게 사는 길은 인내천의 실천
동학 창시 수운 최제우 선생

대구 종로초등학교 교문을 들어서면 오른쪽 교사 앞에 수령 400여 년 된 큰 회화나무가 우뚝 서있습니다. 운동장에서 바라보면 인자한 할아버지가 내려다보며 학생들을 반기는 모습입니다.

이 나무를 대구광역시에서는 '수운 최제우 나무'로 명명하고, 선생의 높은 뜻을 기리고 있습니다. 이 나무가 '수운 최제우 나무'로 명명된 데에는 이곳이 바로 옛 경상감영의 옥사(獄舍)가 있던 곳이기 때문입니다.

가난한 가정에 태어나 어지러운 사회를 구하고 성실과 존경과 신의를 가진 인간을 만들어 현세에 지상천국을 만들어 보고자 했던 수운(水雲) 최제우(崔濟愚) 선생이 이곳 옥사에 갇혀있을 때에 그 모습을 내려다보았을 것으로 여겨 그렇게 명명한 것입니다.

최제우 선생은 동학(東學)의 교조로서 1824년(순조 24년) 경북 경주에서 태어났지만 1864년(고종 1년) 대구에서 세상을 떠납니다.

선생의 7대조 최진립(崔震立)은 임진왜란과 병자호란 때 많은 공을 세우고 전사하여 사후에 병조판서의 벼슬과 정무공(貞武公)

대구종로초등학교에 서있는 수운 최제우 나무(회화나무)

의 시호를 받았으나 6대조부터는 벼슬길에 오르지 못한 몰락 양
반 가문 출신입니다.

　선생은 6세 때 어머니를 여의고 8세 때 서당에 들어가 한학을
공부했는데 많은 책을 읽어 모르는 것이 없었으며, 10세 때에는
이미 세상의 어지러움을 한탄할 정도로 총명했다고 합니다. 13세
에 울산 출신의 박씨(朴氏)와 혼인했고 17세에 아버지를 여의었
는데 농사에는 마음이 없었으며 화재까지 당하여 집안의 형편이
매우 어려웠습니다. 3년 상을 마친 뒤 여기저기로 떠돌아다니면
서 활쏘기와 말타기 등을 익히고, 갖가지 장사와 의술(醫術)·복
술(卜術) 등의 잡술(雜術)에도 관심을 보였으며, 서당에서 글을

가르치기도 했습니다.

그러던 중 세상이 어지럽고 인심이 각박하게 된 것은 세상 사람들이 천명을 돌보지 않기 때문임을 깨닫고 한울님의 뜻을 알아내고자 노력하게 되었습니다.

1855년(철종 6년) 3월 금강산 유점사에서 온 승려로부터《을묘천서 (乙卯天書)》를 얻고 난 후 더욱 수련에 힘써 1856년 양산군(梁山郡) 천성산(千聖山)의 내원암(內院庵)에서 49일 기도를 시작했고 다음해에는 적멸굴(寂滅窟)에서 49일 기도를 드렸습니다.

이후에도 울산 집에서 계속 공덕을 닦았으며, 1859년 처자를 거느리고 고향인 경주로 돌아온 뒤에 구미산(龜尾山) 용담정(龍潭亭)에서 수련을 계속했습니다.

이 무렵 어리석은 세상 사람을 구제하겠다는 결심을 굳게 다지기 위해 이름을 제우(濟愚)라고 고치고 그 동안 깨달은 것을 정리하고 체계화하여 사람들에게 포교할 준비를 했습니다.

1861년 포교를 시작하자 곧 놀라울 정도로 많은 사람들이 동학의 가르침에 따르게 되었습니다. 동학이 세력을 얻게 되자 여러 가지 소문도 떠돌게 되고 지방의 유림과 친척 중에도 비난하는 사람들이 생겨서 서학(西學: 천주교)을 신봉한다는 오해를 받기도 하였습니다.

당시 정부에서는 천주교에 대한 탄압을 강화하고 있었으므로 1861년 11월 호남으로 피신하여 이듬해 3월 경주로 돌아갈 때까지 남원의 은적암(隱寂庵)에 피신해 있었습니다. 피신 중에 자신의 도가 서학으로 지목되는 것을 반성하고 표현에 신중을 기하게

달성공원 경내의 수운 최제우 동상

되었으며 사상을 체계적으로 이론화하려고 노력해 〈논학문(論學文)〉을 써서 서학을 비판하고, 〈안심가(安心歌)〉, 〈교훈가(教訓歌)〉, 〈도수사(道修詞)〉 등을 지었습니다. 경주에 돌아와 제자 중 뛰어난 사람들을 뽑아 전도에 힘쓰게 하자 입교하는 사람들이 크게 늘어났습니다.

1862년 9월 요상한 술법으로 사람들을 속인다는 혐의로 경주진영(慶州鎭營)에 체포되었으나 수백 명의 제자들이 몰려와 최제우의 가르침이 민속(民俗)을 해치지 않는다고 증언하면서 석방해줄 것을 청원하여 경주진영은 함부로 손을 댈 수 없는 인물이라 생각하고 무죄로 석방했습니다.

이후 그는 신도들에게 세상의 오해를 받기 쉬운 언행을 삼가도록 경계했습니다. 한편 그가 무죄석방 되자 사람들은 관이 동학의 정당성을 인정한 것으로 생각해 포교가 더욱 용이해졌습니다. 신도가 늘어나자 그해 12월 각지에 접(接)을 두고 접주(接主)로 하여금 관내의 신도를 관할하게 하여 신도를 조직적으로 관리했습니다. 접은 경상도와 전라도뿐만 아니라 충청도와 경기도에까지 설치되었으며 교세는 계속 신장되어 1863년에는 신도가 3,000여 명, 접소는 13개소에 달했습니다.

동학의 교세가 점점 커지자 정부로부터 곧 탄압이 있을 것을 예상하고, 그해 7월 최시형(崔時亨)을 북접주인(北接主人)으로 정하고 해월(海月)이라는 도호(道號)를 내린 뒤 8월 14일 도통을 전수하여 제2대 교주로 삼았습니다. 그러나 그해 11월 왕명을 받은 선전관(宣傳官) 정운구(鄭雲龜)에 의하여 제자 23명과 함께 경주에서 체포되었습니다. 서울로 압송되는 도중 철종이 죽자 1864년 1월 대구감영으로 이송되어 이곳에서 심문받다가 3월 사도난정(邪道亂正)의 죄목으로 대구장대(大邱將臺)에서 효수형(梟首刑)에 처해졌습니다.

유교와 불교, 신선사상은 물론 그리스도교의 장점을 융합해 만든 동학은 19세기 중반 국내외적으로 어려운 시기에 밖으로는 나라 일을 돕고 백성은 편안하게 하며, 세상의 모든 사람을 널리 구제하고, 안으로는 내가 곧 한울님이라는 시천주(侍天主)사상을 처음으로 내건 민족종교를 창시한 선생은 분명 선각자였습니다.

달성공원에 선생의 동상이 서 있습니다.

나를 버리고 이웃을 받들었다
구암서원의 서침 선생

대구 시민의 사랑을 듬뿍 받고 있는 쉼터인 달성공원에 들어서면 바로 맞은 편에 아름드리 향나무 두어 그루가 보이고, 그 왼쪽으로 아름드리 회화나무가 우뚝 서있습니다.

이 나무가 바로 대구광역시에서 지정한 '서침 나무'입니다.

또한 신천 강변도로에서 팔달 다리 쪽 방향으로 달리다보면 경상북도 도청 뒷산에 해당하는 연암공원(북구 산격동 산 79-1번지) 비탈에 우람한 기와집이 서 있는 것을 볼 수 있습니다. 이 집이 바로 구계(龜溪) 서침(徐沈) 선생을 기리는 구암서원(龜巖書院)입니다.

서침(徐沈) 선생은 자신보다도 백성을 살린 분입니다. 선생은 조선조 세종 때에 현재의 달성공원 일원의 땅을 나라에 내놓을 것을 요구받자 그 조건으로 대구지방 주민들의 세금 부담을 줄여주도록 건의하여 관철시킨 지사(志士)이자 자선가입니다.

당시 달성은 달성 서씨(達城徐氏) 세거지로 사용하고 있었는데 지형이 두형(頭形)같고 주위가 천연적으로 높은 성벽을 이루고 있

어 명승지로 꼽히고 있었습니다. 또한 실제로 삼국시대에 쌓은 것으로 보이는 토성이 지금도 남아있습니다.

이에 나라에서는 이곳을 더욱 요긴하게 쓸 요량으로 이곳을 나라에 내어 놓으면 높은 관직을 주겠다고 제안합니다. 그리고 오늘날의 영선시장과 서문시장 일원의 농지에서 거두어들이는 세금을 관할하게 하겠다고도 제안하였습니다.

그러나 당시 달성 서씨의 주손이었던 선생은 모든 것을 사양하고 대신 대구 지방 일대에서 거두어들이는 환곡의 이자를 감해줄 것을 요청하였습니다. 당시 백성들은 가뭄으로 먹을 것이 귀하였는데 높은 환곡 이자 때문에 이중고를 겪고 있었던 것입니다. 그러자 나라에서는 선생의 뜻에 따라 대구 부민들은 환곡 한 섬 당

달성공원 경내의 서침 나무(회화나무)

이자로 한 말만 내게 하였습니다. 당시 환곡 이자는 전국적으로 한 섬 당 한말 닷 되었다고 합니다. 그러니 대구 부민들은 한 섬당 닷 되를 덜 내어도 되었던 것입니다. 이 혜택은 그 후 5백년이나 계속되었습니다.

이에 대구 부민들은 그 은덕을 기려 구암서원을 발의하게 된 것입니다.

구암서원은 귀암서원이라고도 하는데 원래는 귀암사(龜巖祠)라는 사당으로 시작하였기 때문입니다. 귀암사는 1665년(현종 6년)경 현재 봉산동의 제일여자중학교 자리인 연구산에 문중 사당으로 설립되었는데 1675년(숙종 원년) 3월 29일 대구 유림에서 백성들을 구휼한 서침 선생을 봉안하고 매년 제사를 올림에 따라,

1718년(숙종 44년)에 중구 동산동, 현재 신명여자고등학교 자리로 이건하면서 서원으로 승격하였습니다.

이 때 서침(徐沈), 서거정(徐居正), 서해(徐解), 서성(徐省) 등 4인의 인물을 함께 배향하였습니다. 그러나 대원군 집권 후인 1868년에 한 때 훼철되기도 하였습니다.

그 뒤, 1924년 영남 유림에서 다시 세우고, 1943년 숭현사(崇賢祠)와 강당을 중수(增修)하였습니다. 이후, 도시의 개발이 가속화되자 1995년 동산동에서 북구 연암공원으로 옮긴 것입니다.

현인은 가도 그 가르침과 용기는 영원히 남는 법이어서 지금도 달성공원 경내에는 대구광역시가 지정한 '서침 나무'가 우뚝 서 있습니다.

아름드리 회화나무인 서침 나무는 개인의 영화보다도 뭇사람들의 행복을 먼저 생각한 선각자의 자세로 오늘날의 우리들을 바라보고 있습니다.

봄은 고양이로다
고월 이장희 시인

고월 이장희 시인

고월 이장희(古月 李樟熙, 1900~1929) 시인은 1920년대 초 감상적 낭만주의에 치우쳐 있던 한국 문단에 〈봄은 고양이로다〉와 같은 감정을 절제한 짧은 형식의 시를 발표하여 신선한 충격을 준 시인이었습니다.

대구에서 태어난 이장희는 대구보통학교를 나와 1917년 일본 교토중학[京都中學]을 졸업하였습니다. 본관은 인천(仁川)이었는데 〈빼앗긴 들에도 봄은 오는가〉의 이상화 시인보다 한 살 더 많았습니다. 그리고 서문로에서 이웃에 살았기 때문에 친구로 지냈습니다.

이상화가 청년 시절에 백기만, 현진건, 이상백 등과 '거화(炬火)' 동인을 결성하였을 때에 같은 동인으로 거론하였으나 당시 이장희는 일본에 유학 중이어서 함께 하지 못하였습니다. 현진건은 소설을 쓰고 이상백은 수필을 썼습니다. 그리고 백기만과 이상화는 시를 썼습니다.

1929년 1월 이장희는 스스로 목숨을 끊고 말았습니다.

이장희는 1900년 11월 9일, 대구의 부호이며 중추원 참의를 지낸 바 있는 이병학(李柄學)의 첫 번째 부인한테서 태어났습니다. 어릴 때부터 신동이라는 소리를 들었으나 다섯 살에 어머니와 사별하고 계모 슬하에서 자랐습니다.

그런데 아버지와 사이가 좋지 못하였습니다. 그것은 아버지가 일제에 동조하여 높은 벼슬을 지냈기 때문이었습니다. 감수성 예

대구 두류산 공원의 고월 이장희 시비〈봄은 고양이로다〉

민한 이장희는 아버지가 조선 민족보다 일본 편에서 모든 일을 처리하는 데에 불만이 컸습니다.

이장희의 아버지는 아들에게 일본 총독부에 취직하여 통역을 맡도록 주선하였습니다. 그러나 이장희는 단호히 거절하였습니다. 그리하여 버린 자식으로 취급 받아 냉대를 받은 그는 죽기 직전 심한 신경쇠약에 시달렸습니다. 그는 섬세하고 자존심이 강하여 쉽게 현실과 타협하지 못하였던 것입니다.

친구도 양주동, 유엽, 김영진, 오상순, 백기만, 이상화 등 극히 제한된 몇 사람뿐이었습니다. 그러나 친구를 가려서 사귀었기 때문에 허튼 사람은 거들떠보지 않았습니다.

이장희는 이상화, 오상순, 백기만과는 작품을 서로 나누어 볼 정도로 각별하게 지냈습니다. 이장희는 자신이 쓴 작품을 이상화에게 읽어봐 달라고 맡기곤 하였습니다. 그런데 이상화가 의열단 사건으로 경찰에 끌려가고 가택 수색을 당할 때에 이상화가 쓴 작품은 물론 이장희의 시 원고도 모조리 압수해가고 말았습니다. 그 바람에 이장희의 작품은 거의 남아있지 않게 되었습니다.

이장희는 자살하기 몇 달 전, 서울에서 고향인 대구 집으로 돌아왔는데 거의 두문분출이었습니다. 다만 죽기 사나흘 전 평소 친하게 지내던 오상순을 찾아갔는데 마침 오상순이 부산 동래에 볼 일 보러 가고 없자 어깨를 툭 떨어트리고 멍하니 한참 동안 말도 없이 서 있다가 눈물을 글썽이며 돌아섰다고 합니다.

그 무렵 상화도 병고에 시달리느라 출입을 잘 하지 못하고 있었습니다. 의열단 사건으로 일경에 끌려가 심한 고문을 받았던 것입니다.

오상순은 담배를 많이 피워 꽁초가 되도록 피웠습니다. 그리하여 그의 호도 '꽁초'와 비슷한 발음인 '공초(空超)'라고 할 정도였습니다. 오상순은 1894년 생으로 이장희보다는 4년 맏이였지만 친구처럼 지내고 있었습니다.

이장희는 오상순을 만나지 못하고 집으로 돌아와 사나흘 간 나오지도 않고 배를 깔고 엎드려 수없이 금붕어를 그려놓고는 1929년 11월 3일 오후에 극약을 마시고 말았던 것입니다. 그의 나이 불과 스물아홉 살 때의 일이었습니다.

"왜 하필 고월은 금붕어를 그렇게 많이 그렸을까? 어쩌면 그것은 어항처럼 밀폐된 공간에 갇혀 있는 무기력한 자기 자신을 그린 것인지도 모른다. 마치 자방이 커지면 화판이 떨어지듯, 가을이 깊어지면 잎사귀가 흩어지듯이 이렇듯 그의 죽음은 자연스러운 죽음이다. 아니다, 그는 죽지 않았다. 그와 그의 고독과 그의 시가 완전히 합체되었을 뿐이다. 아아 그는 마침내 그 돌아갈 바에 돌아갔을 뿐이다. 나는 다시 무엇을 슬퍼하랴. 그러면 그의 죽음은 무엇이냐? 그것은 그의 최후의 시였다. 그 최대의 걸작이었다."

오상순을 비롯한 많은 문인들이 그의 죽음을 안타까워하였습니다.

그의 머리맡에는 〈달밤 모래 위에서〉라는 시 한 편이 놓여져 있었습니다.

자빠진 청개구리의 불룩하고 하이얀 배를 보고
야릇하고 은은한 죽음의 비린내를 맡는다.

상화는 불편한 몸을 이끌고 바로 오상순을 찾아갔습니다. 마침 백기만도 오상순이 경영하는 '아세아(亞細亞) 주점'에 와 있었습니다. 오상순의 선술집은 약전골목 서문 왼쪽 편에 있었고, 백기만의 집은 그 오른쪽 계산성당 쪽에 있었습니다. 10분도 채 걸리지 않는 거리였습니다.

"고월이 저렇게 허무하게 세상을 떠났으니 그냥 있을 수 있는가?"

"물론 안 되지."

"당연히 추모회를 열어야지."

오상순과 백기만도 당연하다는 듯이 동의를 하였습니다.

조양회관(朝陽會館)에서 고월의 추모회를 열기로 하였습니다.

조양회관은 '조선의 빛이 되어라' 라는 뜻에서 명명된 곳으로 1922년 10월 30일 서상일(徐相日) 등 민족지도자들이 비용을 부담하여 순수한 민족자본과 기술로 지어졌으며, 민중을 깨우치고 민족혼을 불어넣고 국권을 회복하려는 염원으로 달성공원 입구에 세운 건물이었습니다.

그 뒤 1950년 서상일에 의해 원화여자중학교가 세워지게 되자 조양회관은 학교 구내에 서 있다가 1984년 학교가 옮겨지게 되자 효목동 망우당 공원으로 옮겨져 광복회 대구경북연합지부 회관으로 사용되고 있습니다.

당시 조양회관은 대구구락부, 대구운동협회, 대구여자청년회, 농촌봉사단체 등이 입주해 민중계몽운동의 진원지 역할을 하였으나 건립 7년 만에 영남지역 항일운동의 본거지로 지목되면서 우국지사들이 체포되고, 조선총독부에 징발되어 대구부립도서관으로 사용되다가 1940년부터 광복 때까지는 일본군 보급부대가 주둔하기도 하는 등 민족의 수난사와 운명을 함께 한 건물이었습니다.

　조양회관에서 열린 고월 추모회에는 이상화, 백기만, 오상순 등 문우는 물론 서상일 등 여러 지사가 참석하여 떠나간 시인을 기렸습니다.

　이에 이장희 시인이 살았던 집에서 가까운 곳에 있는 회화나무 한 그루를 골라 '고월 이장희 시인 나무'로 명명하고 그의 시 정신을 기리고자 합니다. 이 회화나무는 옛 금호호텔에서 서문시장으로 가다보면 오른 쪽에 많이 있는 수건 가게 앞에 서있습니다.

국채보상운동에 불을 붙였다
민족운동가 서상돈과 김광제 선생

서상돈(좌)과 김광제(우)

남산동에 있는 천주교 성모당 경내에 희말라야시더 두 그루가 우뚝 서 있는데 그 오른쪽 나무 앞에 '서상돈 수식(徐相燉 手植)'이라는 조그마한 화강암 비석이 하나 꽂혀 있습니다. 서상돈 선생이 심었다는 뜻입니다.

자신의 전 재산을 털어 천주교 발전에 기부하고 나아가 국채보상까지 주도한 서상돈 선생이 자신의 이름을 새긴 유일한 비석입니다. 비석이라기보다는 작은 주먹돌에 지나지 않습니다. 큰 돌에 자기 이름 새기기를 좋아하는 사람들이 볼 때에는 너무나 초라한 크기입니다.

서상돈 (徐相燉, 1851~1913) 선생은 조선 말기의 기업인이자, 공무원입니다. 대구에서 지물(紙物) 행상과 포목상으로 성공한 인물로, 정부의 검세관(檢稅官)이 되어 정부의 조세곡을 관리하기도 하였습니다.

1907년에 정부가 일본에 빚을 많이 져 국권을 상실한다고 생각하여 대구 광문사 사장인 김광제(金光濟)와 함께 대구에서 금주와 금연으로 나라의 빚을 갚자는 취지로 국채보상회를 조직하고 국채보상운동을 벌였습니다.

"지금 우리의 국채 1300만 환은 대한(大韓)의 존망이 달린 일이라 할지니, 이를 갚으면 나라는 유지하고 갚지 못하면 나라가 망함은 필연적 추세이라. 지금 국고로는 갚기가 어려운 형편인 즉 장차 삼천리강토는 우리나라의 소유도 우리 국민의 소유도 되지 못할 것이라. 국채를 갚을 한 가지 방법이 있으니, 그다지 힘이 들지도 않고 재산을 축내지 않고서도 돈을 모으는 방도인 것이라. 2000만 동포가 석 달만 담배를 끊어 한 사람이 한 달에 20전씩만 대금을 모은다면 거의 1300만 환이 될 것이니, 만약 모자란다면 1환, 10환, 100환, 1000환씩 낼 수 있는 사람을 골라 출연시키면 될 일이라"라고 새겨져 있습니다

이 말은 1907년 1월29일 대구의 광문회에서 서상돈이 제안한 말입니다. 같은 해 2월25일자 황성신문 사설 '단연보국채(斷煙報國債)'에서는 이 사건에 대해 다음과 같은 기대를 나타내고 있습니다.

"대한 광무 11년 새봄의 제일 좋은 소식이 하늘에서 온 복음을 전하도다. 두 손을 들어 재배하며 대한제국 만세, 대한제국 동포

만세를 소리쳐 선창하고 삼백 번을 춤추며 이 만고의 호소식을 우리 이천만 동포에게 봉헌하노니 이 소식은 다름이 아니라 대구 광문사 부회장 서상돈 씨 등 제씨의 단연동맹한 호소식이로다. 20세기 오늘의 세계에 대한민국 명예로운 이름이 전 지구상에 찬란히 빛나리니 뒷날 대한독립사 제1권 제1장에 대서특필하여 해와 달같이 게재할 것이 이 단연동맹회의 서상돈 등 제씨가 아니겠는가."

서상돈은 아버지 서철순과 어머니 김아가다 사이에 태어났습니다. 어머니 김아가다는 천주교 박해가 극심했던 1837년 당시 단두 집뿐이었던 대구의 천주교 신자 가족 중 하나인 김후조(요안)의 장녀였습니다. 그런 만큼 서상돈은 어릴 때부터 독실한 천주교 신자로 성장하였습니다.

서상돈의 선대는 원래 안동에서 오래 살다가 그 후 벼슬을 얻어 서울로 올라가 몇 백 년 간 살았습니다. 그러다가 그의 증조부 서유오가 조선에 갓 들어온 천주교를 믿으면서 출문당해 강원도에 은신하다가 세상을 떠났고, 그의 조부 서치보는 대원군의 박해를 피해 상주 옥산에서 숨어살면서 옹기굴에서 막일꾼으로 일하다가 세상을 떠났습니다. 아버지 대에 처가인 대구로 옮겨와 남문 밖 큰 장(현재의 대신동 서문시장) 주변이었던 앞밖거리현(지금의 계산동)에 자리를 잡았다고 합니다.

송광길이 쓴《거부야화》에 따르면 서상돈이 돈을 벌기로 결심한 것은 숙부인 서익순이 천주교 신자로 잡혀가 순교하면서였다

성모당 안의 서상돈 나무(개잎갈나무)
팻말에 '徐相燉 手植'이라고 새겨져 있다

고 합니다. 서상돈은 열세 살 때 집 가까이에 있는 어느 상가의 심부름꾼으로 들어가 억척스레 4~5년 일하면서 장사를 배우고 독립하였습니다.

그는 당시 천주교 신자이면서 보부상의 지역 우두머리였던 도회장 최철학의 은밀한 도움을 받았다고 하며, 그의 상재가 인정돼 마침내 당시 거상이던 김종학의 눈에 들어 수안 김씨 문중에 장가들게 되었고, 낙동강을 무대로 소금, 쌀, 면포, 지물, 포목 등을 거래하며 부를 쌓아갔습니다. 그리하여 마침내 3만석지기 대지주가 되었습니다.

1902년에는 대구전보국 사장 조중은과 함께 양잠회사를 설립하여 칠곡에 뽕나무 2만여 주를 심었습니다. 계산동 뽕나무 골목 근처의 많은 뽕나무 밭도 그가 조성한 것이었습니다.

또한 토마토 오이 양배추 등 고등소채 재배법을 배우기 위해 일본인 야기〔八木〕에게 1만 환을 주고 지금의 남산동 주교당 일대 땅에 부식원(富植園)이라는 신식 농장을 열기도 할 만큼 신문물 도입에도 적극적이었습니다.

이러한 부를 바탕으로 그는 1903년 내장원의 경상도 시찰관이 되었습니다. 시찰관은 조세를 거두어들이는 청부업자를 말합니다. 갑오경장으로 세제가 개편됐고 공물제가 금납제로 바뀌었습니다.

이때 지방 기관장의 추천으로 민간 대지주가 시찰관을 맡았던 것입니다.

당시 경상관찰사 조병호가 서상돈을 추천했다고 합니다.

그 후 서상돈은 '서시찰'로 불렸고, 관직을 얻음으로써 중조 때부터 박해를 받으며 떠돌던 불우한 시절을 청산할 수 있었습니다.

1904년 26세에 일확천금의 꿈을 안고 한국의 대구로 건너온 가와이 아사오란 일본인 잡상인이 쓴《대구이야기〔大邱物語〕》란 책에서 '벼락부자가 된 세금 징수 청부업'이라는 구절을 찾을 수 있다고 합니다.

"한전(韓錢)을 지방에서 수송하는 데는 막대한 운반비가 들어서 관에서는 세금징수 청부업자를 두었다. 군수 또는 지방의 부자가 청부를 맡고 있었다. 부자가 아니고서는 청부할 수 없는 것이, 예컨대 영천군 일대의 조세를 10만 환으로 청부했다면 우선 그 돈을 정부에 대납해야 하기 때문이다. 대납한 후 그 지방으로부터 각각 세금을 징수한다. 그리하여 15만 환을 거두면 5만 환을 벌게 된다. 꽤나 장사가 잘 되니 중앙에 대하여 맹렬한 운동을 한다."

그러나 송광길은 '서시찰'이 세금을 대납하고 세금징수 후 남은 수만금의 이익금도 모두 나라에 헌납하고자 하면서 이렇게 말했다고 밝히고 있습니다.

"결전은 나라만이 거둘 수 있는 것이다. 비록 나라에서 손이 모자라 시찰관에게 맡기고 이익금을 시찰관에게 넘긴다고 했으나 그 이익금은 나라의 돈이다. 근자에 나라 재정이 곤핍하다는데 어찌 나라 일을 하고 대가를 받을 수 있겠느냐?'

1904년의 소위 고문정치로 일제가 한국 경제를 파탄에 빠뜨려 예속하기 위한 방법으로 강제로 차관을 도입하고 공채를 발행해진 외채가 1300만 환이었습니다.

서상돈은 개인이나 나라가 빚(부채)을 지면 어떤 과정을 거쳐 예속된다는 것을 너무나도 잘 알았기에 이 외채를 갚아야 한다고 생각하고, 그 방법으로 백해무익한 담배를 끊음으로써 실천하고자 하였습니다. 말하자면 건강도 지키고 나라의 빚도 갚자는 주장을 내세운 선각자였던 것입니다.

박영규의 논문에는 "대구 서문 밖 수창사에 설치된 대구국채담보회 사무실에는 의연자의 발길이 끊이지 않았는데, 의연금 영수증은 '대구민의소' 명의로 발급되었다"라고 기록되어 있어 이 운동의 실제 추진체는 김광제 · 서상돈 등이 조직한 대구민의소였음을 알 수 있습니다.

황성신문에 따르면 "서상돈은 서문시장에서 연설할 때 단연(斷煙)하는 대의(大義)를 혈심으로 권고하고 군중을 향해 큰 절을 하니 장꾼이 감탄하여 출연하는데 백정 김시복은 10환을 의연하였다"라고 보도했으며, 또 다른 일자의 신문에는 "전시찰, 서상돈 1000환, 전군수, 정재학 400환을 비롯 전군수, 김병순, 전승지, 정규옥, 전돈영, 정계상, 전참봉, 서상민, 전경무사, 서상용 등이 각기 100환을 특별 의연하였고, 김병순, 정규옥, 이일우 등이 또한 각기 100환을 출연하여 그 회(의)비를 분담하기로 하였다"고 보도하고 있습니다.

이에 대해 조항래는 논문에서 "이 운동은 일제의 끈질긴 방해로 비록 실패했으나 1919년 '3·1운동'을 발발케 한 한 요인이었으며, 1920년 '물산장려운동'의 효시였고, 가까이는 1997년의 국제통화기금(IMF) 관리체제를 극복하는 정신적 기초가 되었다"고 평가하고 있습니다.

1911년에 교황 성 비오가 우리나라에 하나뿐이던 교구를 분리해 충청 이북을 서울교구라 하고 대구교구를 하나 더 증설, 경상도와 전라도를 관할하도록 결정했습니다.

그런데 초대 대구교구장으로 부임한 안플로니아노 주교는 여건상 전주로 교구본부를 옮길 계획이었는데 서상돈은 이렇게 말했다고 합니다.

"생전에 꿈이 있다면 프랑스 부르드 지방의 성모를 모신 '마사

벨' 굴과 꼭 같은 성모당을 주교당 앞에 짓고 싶습니다. 부디 교구를 옮기지 말아주십시오."

이 말에 감복한 주교는 대구에 대교구를 건설했고 서상돈은 부지로 농장 1만여 평을 희사했습니다. 그리하여 오늘날의 대구교구청이 설립되고 성모당이 조성된 것입니다.

서상돈은 그 이전 계산성당 건립에도 거액을 내놓았던 전력이 있어 대구교구 발전의 초석이 되었습니다.

또한 그는 부유한 경제력을 바탕으로 매년 봄·가을에 양곡 수백 석을 내어 가난한 사람을 도와주었기에, 그의 사랑채에는 항상 수십 명의 식객이 모여들었고 합니다.*

지난 2007년 2월 27일 국채보상운동 100주년을 맞이하여 독립기념관에는 새로이 애국시비가 건립되었습니다. 국채보상운동을 주도한 김광제, 서상돈 선생의 뜻을 기리는 어록비가 세워진 것입니다.

높이 2.6m 폭 1.8m의 거대한 오석과 화강석으로 제작된 이 비에는 두 분이 1907년 2월 21일 대한매일신보에 게재한 '국채 1300만원 보상취지서' 중에서 전 국민에게 피눈물로 호소한 내용이 새겨져 있습니다.

김광제는 충남 보령에서 태어나 한학을 익힌 뒤 관직에 올랐습니다. 1905년 동래경무관으로 재직 중, 을사늑약이 체결되자 사직

---

* 전진문(2006), 한국경제신문 발행 월간지 5월호, 대구의 인물

상소를 올려 친일파의 탄핵과 내정쇄신을 요구하였습니다. 이로 인해 고군산도에 유배되었지만 뜻을 굽히지 않았고, 1906년 대구로 옮겨 서상돈과 함께 광문사를 설립하고 단연(斷煙) 운동을 전개하는 등 애국 계몽운동을 전개하였습니다.

두 사람은 광문사 사장과 부사장으로 활동하며 나라의 빚이 많아 외세의 간섭과 국망의 위기를 초래하였다고 인식하여 국채 갚기 운동, 즉 국채보상운동을 발의하고 주도하였습니다.

이에 대구교구청 오른쪽 나무를 '서상돈 나무'로 왼쪽 나무를 '김광제 나무'로 하여 두 분의 숭고한 뜻을 기렸으면 합니다.

음악가로 일문을 이루었다
박태원 박태준 형제

시인 이상화가 3·1운동으로 쫓기는 몸이 되어 서울로 피신한 적이 있었는데 이때 그를 숨겨준 사람은 대구 출신으로 이상화와 친구로 지내던 박태원(朴泰元)이었습니다.

당시 박태원의 하숙집은 서울 서대문구 냉동 92번지에 있었습니다.

박태원은 1897년 생으로 상화보다 네 살 위였습니다.

박태원의 동생은 〈오빠 생각〉, 〈사우(思友)〉, 〈햇볕은 쨍쨍〉과 같은 유명한 동요를 작곡하고 훗날 연세대학교 음악대학 학장을 지낸 바 있는 박태준(朴泰俊)이었습니

도원동 월광수변 공원의 박태준 흉상

다.

박태준도 1900년 생으로 상화보다는 한 살 위였습니다.

박태원 형제의 집은 대구 동산동에 있었으므로 이상화의 집과는 매우 가까웠습니다. 그리하여 어릴 적부터 오고가던 사이였습니다.

박태원의 아버지 박순조는 포목상을 하여 비교적 경제적 여유가 있었습니다. 그리하여 자녀들의 교육을 위해서는 온갖 정성을 다 기울였습니다.

박태원 형제는 특히 음악에 남다른 두각을 나타내었는데 박태원은 여기에 더하여 영어 실력이 매우 뛰어나 〈클레멘타인〉, 〈켄터키 옛집〉 등 많은 외국 노래의 가사를 우리 정서에 어울리게 번안할 정도였습니다.

당시 〈클레멘타인〉의 원문은 다음과 같았습니다.

깊은 계곡 광산마을 동굴집이 있었네.
늙은 아빠 어여쁜 딸 사랑으로 살았네
오 내 사랑 , 오 내 사랑, 귀여운 나의 클레멘타인.
너는 영영 가버리고 나만 홀로 남았네.
이젠 다시 볼 수 없네, 요정 같던 그 모습.
네가 신던 작은 신발 내 마음이 아프다.
오 내 사랑, 오 내 사랑, 귀여운 내 클레멘타인.
너의 모습 늘 그리며 나만 슬피 남았네.

'곡은 좋으나 가사는 우리 정서에 제대로 어울리지 않아.'
이렇게 생각한 박태원은 다음과 같이 고쳤습니다.

넓고 넓은 바닷가에 오막살이 집 한 채
고기 잡는 아버지와 철모르는 딸 있네
내 사랑아 내 사랑아 나의 사랑 클레멘타인
늙은 아비 혼자 두고 영영 어디 갔느냐

바람 부는 마른 날에 아버지를 찾아서
바닷가에 나갔더니 해가 져도 안 오네
내 사랑아 내 사랑아 나의 사랑 클레멘타인
늙은 아비 혼자 두고 영영 어디 갔느냐

금빛머리 해뜰름에 그 이름은 클레멘타인
고기잡이 할 적마다 내 생각이 났느냐
내 사랑아 내 사랑아 나의 사랑 클레멘타인
늙은 아비 혼자 두고 영영 어디 갔느냐

박태원이 번안한 가사는 곧 온 나라에 퍼져 널리 애창되게 되었습니다.

이밖에도 박태원은 계성중학교(啓星中學校)에 다닐 때에는 야구팀의 투수로 활동하고, 연극을 할 때에는 주연을 맡기도 하였습니다. 당시 학교 축제 때에 〈대공포강도(大空砲强盜)〉라는 연극

박태준 흉상과 느티나무(도원동 수변공원)

을 하였는데 이 연극에서 주연 급인 순경 역을 맡아 훌륭하게 해 내었던 것입니다. 독서량도 엄청나서 동서양의 문학과 음악을 꿰뚫고 있었습니다.

서울로 간 이상화는 이처럼 감수성 예민한 박태원과 더불어 밤새도록 인생과 예술을 논하곤 하였습니다. 이상화는 박태원으로부터 적지 않은 영향을 받았습니다.

'그래, 나는 정말 참다운 친구를 얻었어. 불과 몇 살 위가 아니건만 저렇게도 성숙하고 투명한 의식을 가지고 있다니!'

상화는 연신 감탄을 토하지 않을 수 없었습니다.

훗날 박태원이 폐병으로 세상을 떠나자 땅을 치며 울부짖었습니다. 박태원은 연희전문 문과를 거쳐 일본 와세다 대학 영문과에 입학하였으나 수학 도중 폐병에 걸려 귀국하였으며, 고향인 대구 자택에서 24세의 나이로 1921년 8월 5일 요절하였던 것입니다.

그리하여 상화는 박태원에게 바치는 시 〈이중(二重)의 사망(死亡)〉을 발표하였습니다.

아, 길 잃은 어린 양아, 어디로 가려느냐?
아, 어미 잃은 새 새끼야, 어디로 가려느냐?
비극의 서곡을 리프레인하듯
허공을 지나는 숨결을 말하더라.
아, 도적놈이 죽일 숨 쉬듯이 미풍에 부딪혀도
설움의 실패꾸리를 품기 쉬운 나의 마음은
하늘 끝과 지평선이 어둔 비밀실에서 입맞추다.
죽을 듯한 그 발판을 지나려 할 때 누가 알랴.

(중간 줄임)

악마가 야호(野虎)같이 춤추는 깊은 밤에
물방앗간의 풍차가 미친 듯 돌며
곰팡스런 성대로 목 메인 노래를 하듯……!
저녁 바다의 끝도 없이 몽롱한 먼 길을
운명의 악지바른 손에 끄을려 나는 방황해 가는도다.

아, 인생의 쓴 향연에 불림 받은 나는 젊은
환몽(幻夢) 속에서
청상(靑孀)의 마음과 같이 적막한 빛의 음지에서
구차를 따르며 장식(葬式)의 애곡(哀曲)을
듣고 호상객처럼 —
털 빠지고 힘없는 개의 목을 나도 드리우고

나는 넘어지다- 나는 거꾸러지다!

죽음 일다!
부드럽게 뛰노는 나의 가슴이

주전 빈랑(牝狼)의 미친 발톱에 찢어지고
아우성치는 거친 어금니에 깨물려 죽음일다!

이 시는 1923년 《백조》 제3호에 실립니다. 여기에서 '이중'이란 인간 자체의 죽음과 함께 아까운 재주의 죽음을 함께 일컫는 것이었습니다.

대구 달서구 도원동 수변공원에는 박태준 흉상과 함께 박태준을 기리는 조형물이 서 있습니다. 그런데 박태원을 기리는 조형물은 없습니다.

그리하여 수변공원 박태준 흉상 앞의 느티나무를 박태준 나무로 하고, 박태준의 〈사우〉 속에 나오는 '청라 언덕'의 무대가 된 대구 신명여학교 근처의 담쟁이 덩굴이나 의료선교박물관 안의 느릅나무 한 그루를 골라 '음악가 박태원 나무'로 명명하여 두 형제의 음악 혼을 기릴 것을 감히 제안합니다.

빼앗긴 들에도 봄은 오는가
이상화 시인

　대구 계산성당에서 남쪽으로 담 하나를 넘으면 이상화 시인이 말년을 보낸 고택이 나옵니다. 이 고택은 상화의 백부(伯父)인 이일우가 세상을 떠나자 백모(伯母)가 혼자 살고 있던 집이었습니다. 상화는 이곳에 1939년부터 거주하였습니다.

　이 고택 맞은편에 국채보상운동을 시작한 서상돈 선생의 고택이 또한 복원되어 있습니다. 중국에서 독립 운동을 한 이상정 장군이 소유하였던 가옥도 또한 그 인근에 나란히 있습니다.

　이상화 시인은 1901년 음력 4월 5일, 현재의 중구 서문로 2가 11번지에서 부친 이시우(李時雨), 모친 김신자(金愼子)의 차남으로 출생하였습니다. 본관은 월성(月城)이고, 이상화 위로는 독립운동가인 백씨 상정(相定), 아래로는 학술원 회원과 국제올림픽위원회 위원을 역임한 상백(相佰), 수렵가 상오(相旿)가 있습니다. 이 4형제를 가리켜 '용봉인학(龍鳳麟鶴)'이라고 칭송하는 이도 있습니다.

　이상화 시인은 여덟 살 때에 아버지를 여의고 집안 사숙에서 한

이상화 시인 동상(두류산공원)

문 공부를 하다가 신학문을 익히기 위해, 열다섯 살에 서울 계동 32번지 전진한(錢鎭漢) 가(家)에 하숙하면서 정규 교육기관인 경성중앙학교 입학하였습니다. 이곳에서 야구 선수로도 활약하면서 사색이 깊은 청년 시절을 보내었습니다.

1919년에 백기만, 허범 등과 3·1운동 대구거사모임에 참여(대구경북독립운동사)하였으나 사전에 주요인물이 검속됨에 따라 서울 서대문구 냉동 92번지 박태원의 하숙으로 피신하여 화를 모면하였습니다.

1922년 친구인 현진건(玄鎭健)의 소개로 '백조(白潮)' 동인이 되어 나도향, 홍사용, 박종화 등과 친하게 지내면서 《백조》 창간호에 시〈말세의 희탄〉,〈단조〉,〈가을의 풍경〉등을 연달아 발표한 후 일본으로 건너가 동경(東京)에 있는 외국어전문학교인 아테네

프랑세에서 프랑스어를 공부하였으나 관동대지진으로 1923년 귀
국합니다. 당시 일본 자경 단원들은 조선인이면 닥치는 대로 살해
하였습니다.

　이후 서울 가회동 1번지 5호, 이른바 약수터로 이름난 취운정
(翠雲亭)에 머물며 시작(詩作)에 전념하여 〈나의 침실로〉, 고향
친구 박태원의 죽음을 두고 쓴 시 〈이중의 사망〉 등을 발표합니다.
1925년 박영희, 김기진 등과 카프(조선프로레타리아예술가동맹)
발기인으로 참가하여 〈폭풍을 기다리는 마음〉, 〈비음(緋音)〉, 〈빈
촌의 밤〉, 〈가상(街相)〉, 〈금강송가〉 등을 발표하였으나 문학이 지
나치게 이념에 젖어드는 데에 회의를 느끼고, 새로운 작품을 모색
하던 중 1926년 그의 대표작이라 할 수 있는 〈빼앗긴 들에도 봄은
오는가〉를 발표하여 큰 반향을 불러일으킵니다.

　1928년 6월 독립운동 자금마련을 위한 소위 'ㄱ당사건'에 연루
되어 대구경찰서에 구금되었는데 당시 상화는 신간회 대구지회
출판 간사직을 맡고 있었습니다. 상화는 이 시기에 자기 집 사랑

방을 담교장(淡交莊)이라 칭하고, 배일사상(排日思想)을 가진 많은 친구와 후배들을 이곳에서 만났습니다.

1936년 백씨 이상정 장군을 만나러 중국행. 남경, 북경, 상해 등지를 3개월간 돌아보고 귀국하였는데 이때 군자금 및 국내외 정보 전달 혐의로 경찰에 구금되어 심한 고문을 당했습니다.

이후 좋아하던 술도 끊고 오늘날의 대륜고등학교의 전신인 교남학교에 복직하여 교가를 작사하였습니다. 이 교가는 지금도 교가로 사용되고 있을 뿐만 아니라 돌에 새겨져 대륜고등학교 교정을 지키고 있습니다. 당시 이상화 시인의 동료로는 서동진(화가. 전 국회의원), 권중휘(전 서울대총장), 이효상(전 국회의장) 등이었습니다.

1939년 6월 종로에서 중구 계산동 2가 84번지로 이주하였으나. 교남학교 교가 가사 문제로 가택 수색을 당하여 자신의 시 원고는 물론 고월 이장희 시인이 맡겨놓은 원고까지 압수당하고 말았습니다.

1943년 3월에는 소설가 박종화의 아들 돈수와 소설가 현진건의 딸 화수의 혼사를 주선했으나 병고로 혼례식에는 참석하지 못하고, 대구도립병원에서 위암 진단을 받았습니다. 그리고 4월 25일 오전8시 45분 대구 중구 계산동 2가 84번지 현재의 고택에서 부인과 세 아이들이 지켜보는 가운데 운명하였습니다.

장지는 달성군 화원면 본리리 산 9번지 월성 이씨 가족 묘지이고, 그해 10월 시인 백기만의 발의로 서동진, 박명조, 설계, 윤갑기, 김준묵 등의 참여로 묘 앞에 '詩人白亞月城李公諱相和之墓'

라는 비를 세웠습니다.

　이후 1948년 수필가 김소운의 발의와 죽순시인구락부 협찬으로 3월 16일 대구 달성공원에 해방 후 최초의 시비인 〈나의 침실로〉가 건립되었으며, 1986년에는 독립기념관(목천)에 〈빼앗긴 들에도 봄은 오는가〉 시비가 건립되었습니다. 이어서 건국훈장 애족장이 추서되었습니다.

이상화 시비(달성공원)

　상화는 별호를 넷 가지고 있었는데 그것은 상화가 걸어온 인생 역정과 관계가 깊습니다.

　문단에 나오기 전인 20세 전후에는 '무량(無量)'이라는 불교 용어로 호를 지었습니다. '나무아미타불'은 '아미타불에게 귀의 한다'는 뜻인데, 이때의 '아미타'가 바로 '무량'을 나타내는 말이었습니다. 그리고 '불'은 '여래(如來)' 즉 '깨달은 사람〈覺者〉'을 나타내므로 '나무아미타불'은 '무량수(無量壽) 무량광(無量光) 즉 무량의 진리를 깨달은 사람에게 나를 의탁 하겠다'는 뜻이 되는 것입니다. 그러니 상화의 호가 얼마나 호방하며 또한 깊은 깨달음 속에서 시작되었는가를 짐작할 수 있습니다.

이는 독실한 불교신자였던 그의 어머니 영향이기도 했지만 그보다는 무시무종(無始無終)의 우주의 원리를 체득한 그의 자의식에서 비롯된 것이었습니다. 즉 '한량없이 세상 무엇이나 가리지 않고 받아들이겠다'는 의지를 가졌던 것입니다.

실제로도 상화는 청년 시절 무엇 하나 아쉬울 것 없었고 마음먹어 못할 일이 없었습니다. 그리하여 스스로도 남에게 뒤질 것 하나 없는 '무량대복'을 지닌 청년이라는 것을 느끼고 있었습니다. 그러나 동시에 이 세상은 덧없다는 이른바 '니힐리즘적 의식'도 가지고 있었습니다. 그리하여 이를 극복하고부터는 불길처럼 저항하게 되는 것입니다.

그 뒤 문단에 나와서는 '상화(尚火)'라는 호를 쓰게 되는데 이 호는 '활활 타오르는 불길'이라는 뜻을 가지고 있었습니다. 1922년에서 1926년 사이가 상화로서는 가장 열심히 문학 활동을 했던 때였는데 이때에 주로 이 호를 사용하였습니다.

'상화(想華)'라는 호도 사용했는데 그것은 그가 국내에서의 독립 운동에 한계를 느끼고 중국에 가서 지은 호였습니다. 지명수배자의 운명이라 활동을 제대로 하지 못하는 암담한 현실에서 지어진 것이었습니다. 상화는 언젠가는 자신을 둘러싼 현실이 꽃이 활짝 피어나는(華) 것처럼 밝아질 것을 상상(想)함으로써 위안을 얻으려 했던 것입니다.

어떤 이는 '상화(想華)'라는 호 속에는 먼저 세상을 떠난 그의 연인 유보화(劉寶華)를 생각한다는 뜻도 포함되어 있다고 보기도 하였습니다. 즉 상사화(相思花)와 연계시켜 상사화(想思華)라고

대륜고등학교 교정의 교가비

쓰고 이를 줄여 상화(想華)라고 하지 않았을까 하는 것입니다.

유보화는 상화가 일본 유학 시절에 만난 여인이었습니다. 그러나 상화는 이미 결혼하여 가정을 가지고 있었으므로 어찌할 수가 없었습니다. 유학을 마치고 돌아온 유보화는 함흥의 집에서 중병으로 숨을 거두게 되는데 이때 상화를 간절히 찾았습니다. 이에 상화는 단숨에 함흥으로 달려가 연인이었던 유보화의 임종을 지켜보았던 것입니다.

이렇게 본명과 발음이 같은 별호를 사용하다가 36년 무렵부터는 마지막 호인 바보와 귀머거리라는 뜻을 가진 '백아(白啞)'를 사용하게 됩니다. 그러나 사후 묘비에는 '백아(白亞)'라고 썼습니다. 이는 당시 일제의 탄압을 피하기 위해서였다고 합니다.

이상화 고택 마당의 감나무

　그런데 이 호들 중에서 지금 '상화(尚火)'를 통용하고 있는 것은 가장 작품 활동이 왕성할 때의 호이기 때문이기도 하지만 항상 불꽃처럼 타오르겠다는 그의 의지가 담겨있기 때문입니다.

　우리 이웃에서 이처럼 치열하게 민족 시인으로 살아간 이상화 시인의 고택 마당에는 감나무 한 그루가 지금도 집을 지키고 있습니다. 이상화 시인이 이 감나무 아래에 서 있는 사진도 있습니다.

　이에 고택 마당의 이 감나무를 '시인 이상화 나무'로 명명하고 그의 시혼을 기리고자 합니다.

마음을 그려야 참된 그림이다
근대화가 이인성

근대화가 이인성 자화상

계산 성당 남쪽 화단에 키가 큰 감나무 한 그루가 서 있습니다. 이 나무는 우리 대구가 낳은 근대 서양화가 이인성(李仁星)의 그림 〈계산동 성당〉에도 나옵니다. 그러나 그 때의 그 감나무는 말라버리고 지금 나무는 그때 그 감나무 등치에서 새로 돋아난 줄기가 자란 것이라고 합니다.

이인성은 1912년 8월 28일 대구에서 출생하여 6.25 전쟁이 치열하던 1950년 11월 4일 서울에서 세상을 떠납니다.

11세에 대구 수창공립보통학교에 입학했고, 1925년 도쿄에서 열린 세계아동미술전람회에서 특선을 했습니다. 보통학교 졸업 후 대구의 화가 서동진이 운영하던 '대구미술사(大邱美術社)'에서 일하며 계속 작품창작에 힘쓰는 한편, 영과회(零科會)와 향토

회(鄕土會) 등 대구의 미술가단체에도 참가하였습니다.

1929년 제8회 조선미술전람회(鮮展)에 입선한 이래 줄곧 출품하여 제10회부터 연속 6회 특선했으며, 제14회전에서는 〈경주의 산곡에서〉로 최고상인 창덕궁상을 수상했고, 1937년 제16회부터는 서양화부의 추천작가 겸 심사위원이 되었습니다. 또한 1932년부터 일본의 다이헤이요〔太平洋〕미술학교에서 공부하며 일본의 최대 공모전인 제전(帝展) 및 신문전(新文展)에도 입선했습니다.

추천작가가 된 이후에는 화단의 엘리트로서 그 지위를 굳혀갔으며, 1940년에는 김인승, 심형구와 함께 추천작가 3인전을 개최하기도 했습니다.

해방 후 이화여자대학교 미술과 강사로 출강했고, 제1회 대한민국미술전람회 서양화부 심사위원을 지냈습니다. 그러던 중 6·25 전쟁 중인 39세 때에 경찰관과 시비 끝에 총기 사고로 이 세상을

계산성당 마당의 이인성 나무(감나무)

떠나고 말았습니다. 예술가적인 비타협성이 가슴에 뭉쳐있었는지도 모르겠습니다.

그의 아틀리에는 이상화 고택에서 건너다보이는 옛 남산병원 3층이었다고 합니다. 이곳은 그의 장인인 김재명이 운영하던 병원이었는데 사위를 위해 공간을 내어주었던 것입니다.

모 잡지사가 현역 중견 미술평론가 13명에게 우리나라 대표적인 유화 '베스트 10'을 선정토록 하였더니 소위 국민화가로 불리는 이중섭의 〈흰 소〉가 2위로 뽑혔을 뿐인데 선생의 작품 〈경주의 산곡에서〉는 1위, 〈어느 가을날〉은 7위로 놀랍게도 두 작품이 선정되어 그의 천재성이 다시 한 번 입증되었습니다.

그는 '한국의 고갱'이라고 불릴 정도로 서정성 강한 작품을 남겼습니다.

그의 그림 〈계산동 성당〉 속에 나오는 감나무를 이인성 나무로

이인성 동상(두류공원)

지정하는 데에 주도적인 역할을 한 이정웅(전 대구광역시 녹지과장) 선생은 지정 당시의 일을 다음과 같이 회고하고 있습니다.

"화첩을 구해 작품을 살펴보았더니 20세기 초 영남지방 최초의 고딕식 건축물인 계산성당을 그린 작품 2점이 있었고, 그 중 1932년에 완성한 〈계산동 성당〉에는 유달리 크게 그려진 나무 한 그루가 있어 자료를 들고 성당을 찾았다.

관리하는 분과 함께 현장을 살펴보았으나, 애석하게도 그림 속의 나무는 성당 구조 변경 시 없어지고 말았습니다.

다만 가까운 곳에 그림 속의 나무와 비슷한 100년 정도 된 감나무가 있어 가난 속에서도 불같은 열정으로 우리 화단에 큰 족적을 남긴 님의 영혼을 위로하는 뜻에서 '이인성 나무'라 불러 보기로 하고 내력을 담은 표지판을 세웠다."

희망의 나라를 꿈꾸었다
음악가 현제명 선생

음악가 현제명

현재 매일신문사 사옥에서 길을 건너 제일교회로 오르는 언덕에 아름드리 이팝나무 두 그루가 서 있습니다. 이 나무를 대구광역시에서는 현제명 나무로 명명하고 그를 기리고 있습니다.

음악가 현제명(玄濟明, 1902~1960)은 20세기 벽두에 대구에서 태어나, 종로초등, 계성학교와 평양숭실대학을 거쳐 미국의 거언(Gunn) 음악대학을 졸업(석사)하고 일제 강점기인 1930년부터 1960년도 돌아가실 때까지 홍난파와 더불어 우리나라 음악계를 이끌어 오면서 성악가로서 작곡가로서, 교육가로서 일생을 살다 가신 분입니다.

우리들이 익히 듣고 있는 〈아 목동아〉도 선생이 아일랜드 민요 〈대니 보이〉를 번안한 것입니다. "가을이라 가을바람 솔솔 불어

오니……."로 시작되는 〈가을〉, "오가며 그 집 앞을 지나노라면……."의 〈그 집 앞〉도 선생이 작곡한 것입니다.

선생은 어려서부터 교회 성가대에서 서양음악을 익혔고, 평양 숭실전문학교 문과에 다닐 때에는 서양선교사에게서 피아노와 바이올린을 배웠습니다.

전주 신흥학교에서 음악교사로 있다가 숭실전문학교에서 알게 된 레인보우레코드회사 사장인 R. 하버의 추천으로 무디 성경학교에 입학해 성서와 음악을 배웠고, 1928년 시카고에 있는 건(Gunn) 음악학교에서 공부해 석사학위를 받고 귀국했습니다.

미국 유학시절에 〈고향 생각〉, 〈산들바람〉 등 주옥같은 가곡과 찬송가를 작곡했습니다. 귀국 후 연희전문학교 영어교수로 있으면서 음악부에 관현악단과 합창단을 만들고 공회당에서 최초의 공연을 가지는 등 음악 보급에 힘썼습니다.

1930년대에는 빅터레코드사와 컬럼비아레코드사에서 직접 노래를 불러 음반을 취입하였습니다. 1932년 2월 조선음악가협회 초대 이사장을 역임했으며, 1933년 홍난파와 함께 작곡발표회를 가졌습니다.

1945년 지금의 서울대학교 음악대학의 모체인 경성음악전문학교를 설립하였고, 8 · 15 해방 후 한민당 당원으로 정치활동을 하기도 하였습니다.

1950년 한국 최초의 오페라 〈춘향전〉을 총지휘했으며, 1954년 고려교향악단을 조직하였습니다. 1955년 마닐라 음악회의에 참석하였고, 1958년 국제연합교육과학문화기구(UNESCO) 국제음악

제일교회 앞 현제명 나무(이팝나무)

회의에도 참석하였습니다.

1955년 예술원상 등을 받았고, 주요 작품으로는 오페라 〈왕자호동〉과 가곡 〈오라〉, 〈니나〉, 〈나물 캐는 처녀〉, 국민가요 〈희망의 나라로〉, 〈조선의 노래〉 등이 있습니다.

그런데 1937년 미국 건 음악학교에서 박사학위를 받은 것으로 되어 있으나 그가 유학가기 이전부터 박사라는 용어를 사용했고 그가 쓴 박사 학위 논문이 어느 글에서도 확인되지 않아 이 부분에 대해서는 논란이 있으며, 1944년에는 일제의 어용음악가 조직인 조선음악가협회와 경성후생악단에서 주도적인 역할을 하며 친일행위를 했다는 지적을 받고 있기도 합니다.

제일교회 언덕에 있는 이팝나무를 현제명 나무로 명명하는 데에 주도적인 역할을 한 이정웅(전 대구광역시녹지과장) 선생은 지정 당시의 일을 다음과 같이 남기고 있습니다.

"이 고갯길은 현제명 선생이 학생 시절 등하굣길이었다. 그리하여 현제명 선생은 이 고갯길에서 만나는 이 이팝나무 밑에서 〈고향 생각〉, 〈희망의 나라로〉, 〈산들바람〉 등 주옥같은 가곡을 구상했을 법하다.

이 고갯길을 골목문화팀이 '선교사 길' 또는 '현진건로'로 이름을 붙이자고 제안한 동산아파트 북쪽 계단길은 생김새나, 단편소설의 개척자 빙허 현진건, 국내 최고의 서양화가 청정 이인성, 이제 이야기 하고자 하는 현석 현제명과의 관련된 일화나, 1910년경 미국인 선교사 스윗즈, 챔니스, 블레어 3인의 주택 (각기 대구시 유형문화재 제24호, 25호, 26호로 지정됨)이 어우러져 파리 몽마르뜨 언덕과 같은 분위기를 자아낸다. 다시 말해서 '대구의 몽마르뜨'라고 부르고 싶은 곳이다.

겨울 현제명 나무(이팝나무)

제일교회가 옮겨오면서 상당 부분 언덕이 마당이 되었지만 그리 높지도 않으면서 시가지가 한 눈에 조망된다.

많은 도로가 오늘날과 달리 신작로(新作路)라 불리우던 시절, 다른 곳도 그랬지만 큰장 일대의 길도 비만 오면 흙탕물로 범벅이 되던 때가 있었다.

따라서 계성학교의 많은 학생들은 질척거리는 새로 난 큰길 대신 이 길로 등

하교(登下校)를 했다.

현재명 역시 예외는 아니었을 것이다. 그의 많은 작품 중 이른바 국민가요로 불리우는 '해는 져서 어두운데……'로 시작하는 〈고향 생각〉이나, '산들 바람이 산들 분다……'로 시작되는 〈산들바람〉, 우리나라 최초의 오페라이자 제일 많이 공연된 〈춘향전〉등 가장 한국적인 소재이자 가장 한국적인 가락의 작품들 중 상당수가 한창 감수성이 예민했던 계성학교 시절 이 언덕 수령 200여 년의 이팝나무 아래서 구상했을 것이 아니었을까? 하는 생각을 떨쳐 버릴 수 없어 '현제명 나무'라 불러본다.

5월 초순에 하이얀 꽃이 피고 싱그러운 향기가 나는 이팝나무는 수형도 아름답지만 키가 크게 자라 개화기(開花期)에는 함박눈을 뒤집어쓰고 있는 분위기를 연출한다.

대구가 원산지라는 학자도 있어 한때 필자가 대구를 상징하는 시목(市木)으로 지정할 것을 제안하기도 했다.

나무이름 '이팝'은 꽃잎이 하이얀 밥알을 닮아 쌀밥의 사투리 '이밥'에서 비롯되었다는 설과 절기의 하나인 입하(立夏)를 전후해 피기 때문에 '입하'가 변해서 되었다는 설이 있다.”

그의 친일 행적이 다소 아쉬우나 그가 남긴 음악, 그 중에서도 특히 〈희망의 나라로〉는 위축된 마음을 헐어버리고 새로운 꿈을 가지게 해주는 역동적인 음악이 분명해 보입니다. 이러한 음악이 바로 이곳에서 잉태되었던 것입니다.

수성구

모당 손처눌 / 퇴계 이황 / 우복 정경세 / 시인 이육사와 평론가 이원조 / 인도인 나야

학자이자 의병장이며 효자였다
모당 손처눌 선생

모당손선생유적기념비(황금동)

범물동에서 새로 난 고개를 넘어 경북고등학교 쪽으로 오다보면 신천지 아파트가 있는데 이 아파트 길가에 검은 비석이 하나 서있습니다.

이 비석이 바로 모당(慕堂) 손처눌(孫處訥, 1553~1634년) 선생을 기리는 비석입니다. 이 비석에서 멀지 않은 곳에 모당 선생을 기리는 청호서원(靑湖書院)이 산기슭에 자리 잡고 있습니다.

모당 선생은 아버지 수(遂)와 어머니 한산 이씨 사이에 태어났습니다.

퇴계 학문을 이어받은 동계(東溪) 전경창(全慶昌)에게 배웠습니다. 어린나이에 향시에 합격할 만큼 두뇌가 우수했을 뿐 아니라 1592년 왜구가 침입하자 아우 처약(處約)과 함께 의병을 일으켜 가창 일대에서 왜군을 크게 격파하는 등 그 뜻도 매우 굳건하였습니다.

전쟁이 끝난 뒤, 오늘날 수성관광호텔 뒤 법이산(法伊山)에서 당시 대구지역 의병 총대장이자 같이 학문을 연마하던 낙재(樂齋) 서사원(徐思遠)과 더불어 후학들을 가르치며 임란 중에 폐허가 된 대구향교를 현 달성공원으로 옮기는 등 지역 발전을 위해 노력하였습니다.

1622년 연경서원(研經書院,지금은 없어짐)에 한강(寒岡) 정구(鄭逑) 선생의 신주(神主)를 모실 때에 그 연유를 적은 글과 퇴계(退溪) 이황(李滉)께 이 사실을 알리는 글을 둘레의 다른 선비들의 추천을 받아 지을 만큼 선비들의 신망이 두터웠습니다.

뿐만 아니라, 1624년의 이괄(李适)의 난과, 1627년의 정묘호란 때에는 의병을 일으켜 삼란공신(三亂功臣)의 반열에 오를 만큼 크게 활동했으나 모든 것을 사양하고 오로지 자기 수양과 후학 지도로 일생을 보냈습니다.

그리고 전란(戰亂)중 당한 부모의 장례를 소홀하게 한 것을 자책하면서 황청동(황금동의 옛 이름) 묘소 아래에 영모당(永慕堂)이라는 집을 짓고 종신(終身)토록 시묘(侍墓)할 뜻을 굳히니 문인(文人)들이 '영모선생(永慕先生)' 이라 일컬었습니다.

그 후 선생이 세상을 떠나자 1694년(숙종 20년) 뜻있는 선비들과 제자들이 청호서원을 짓고 선생의 작품을 모은 《모당집(慕堂集)》을 발간하여 고결하게 사시다가 가신 선생을 기렸습니다.

특히, 선생이 남기신 시문(詩文) 중에는 매화(梅花)에 관한 글이 많은데 이는 추위를 이겨내고도 향기를 잃지 않은 매화의 고고함과 인내심을 교훈 삼으려 한 것으로 보입니다.

옛 등걸에 새 잎이 피니
생기가 없어지지 않았네
바야흐로 지금부터 잘 기른다면
어느 때 좋은 열매 맺으리이다

아마 오래된 매화를 심었으니 어린 매화와 달리 살기 힘들 것으로 생각했었는데 봄이 되자 큰 등걸에서 새잎이 돋아나 기쁜 마음을 시(詩)로 표현한 것으로 보입니다. 이는 누구나 새로운 의지를 가지고 정진한다면 쓸모 있는 사람으로 그 도리를 다할 수 있다는 다짐으로 보입니다.

〈영모당통강제자록(永慕堂通講諸子錄)〉에 의하면 당시 함께 공부한 사람들이 모두 202명으로 황경림(黃慶霖), 정사진(鄭四震), 도여유(都汝兪) 등 우리 대구 지방의 지사 선비들이 망라되어 있어서 선생의 학문적 깊이와 훌륭한 인품을 엿볼

황금동 청호서원 경내의 모당 손처눌 나무
(엄나무, 지금 이 나무는 고사하고 없음)

수 있습니다. 황경림 선생은 임진왜란 당시 하양 지방을 무대로 의병을 일으켰고, 정사진, 도여유 선생은 이른바 달성 10현으로 추앙받고 있습니다.

이에 대구광역시에서는 청호서원(靑湖書院)이 건립될 당시 심어진 것으로 추정되는 앞마당의 큰 음나무 한 그루를 '손처눌 나무'라 하여 선생을 기리고 있습니다.

그러나 최근에 가뭄이 들어 이 나무가 말라죽고 말았습니다. 그

새로 손처눌 나무로 정했으면 하는 향나무

리하여 당초 음나무 대신 서원 담 안의 오른쪽에 싱싱하게 서있는 향나무를 골라 '모당 손처눌 나무' 로 할 것을 감히 제안합니다.

경북대학교 박상진 교수의 설명에 따르면 '음(蔭)나무' 는 가시가 날카롭게 달려 엄(嚴)하게 생겼다 하여 '엄나무' 라고도 불린다고 합니다. 우리의 선조들은 가시가 듬성듬성한 음나무 가지를 문설주 위에다 가로로 걸쳐놓기도 하였는데, 이것은 집안에 잡귀가 들락거리지 못하도록 막기 위해서라고 합니다. 즉 귀신도 도포를 입고 다닌다고 생각하여 음나무의 가시에 도포자락이 걸려서 들어오지 못하게 하려는 의도였다는 것입니다.

음나무의 껍질은 해동피(海桐皮)라 하여 알려진 약제입니다. 고려사에 보면 문종 33년(1079) 가을에 송나라에서 1백 가지의 약품을 보내왔는데 여기에 해동피가 포함되어 있었다고 합니다. 또한 《조선왕조실록》〈세종지리지〉에는 전라도, 제주목, 평안도의 토산물로 기록되어 있는데, 《동의보감》에는 "허리와 다리를 쓰지 못하는 것과 마비되고 아픈 것을 낫게 한다. 이질, 곽란, 옴, 버짐, 치통 및 눈에 핏발이 선 것 등을 낫게 하며 풍증을 없앤다"고 기록하고 있습니다.

학문을 논한다면 어디든지 달려갔다

퇴계 이황 선생

경산읍에서 반야월로 넘어가는 넓은 도로 왼쪽(성동 뒷산)으로 나지막한 산이 하나 있습니다. 이 산기슭에 아담한 서원이 하나 있는데 금호강을 내려다보고 있습니다. 이 서원이 바로 고산서원(孤山書院)입니다.

이 서원 뒤에는 '퇴도이선생우복정선생강학기념비' 라 하여 퇴계(退溪)와 우복(愚伏) 정경세(鄭經世)선생이 이곳에서 지역 선비들에게 학문을 강하였다는 기념비(記念碑)가 서있습니다. 이에 근거하여 대구광역시에서는 서원 뒤에 서 있는 아름드리 느티나무 두 그루에 각각 '퇴계 이황 선생 나무' 와 '우복 정경세 선생 나무' 라는 이름을 붙이고 두 분을 기리고 있습니다.

퇴계이황(李滉, 1501~1570)선생은 우리나라는 물론 세계적으로 존경받는 학자로서 안동 도산 온혜리에서 아버지 진사 식(埴)과 어머니 춘천 박씨(春川朴氏)의 7남 1녀 중 막내로 태어났습니다.

퇴계 선생이 아직 첫돌도 지나지 않았을 때에 집안의 기둥인 아

고산서원 뒤의 이황 나무와 우복 정경세 나무(느티나무)

버지를여의자 홀어머니 박씨는 농사와 길쌈으로 아이들을 뒷바라지했습니다.

여느 부인 같으면 실망과 좌절감에서 일상에서 추스르기도 힘겨웠을 것이지만 '너희들은 아버지가 계시지 아니하므로 남의 집 아이들과는 달라서 공부만 잘해도 안 된다. 공부도 잘해야 하지만 행실을 각별히 삼가 남의 모범이 되지 않으면 안 된다. 만약 행실이 바르지 못하면 아비가 없어서 교육을 옳게 받지못해 그렇다고 남들이 헐뜯을 터이니 너희들은 그점을 각별히 명심하여 조상들에게 욕된 사람이 되어서는 안 된다.' 고 강하게 가르쳤습니다.

이런 훌륭한 어머니의 기대에 어긋나지 않으려는 듯 퇴계(退溪) 선생은 여섯살에 이웃 노인에게 〈천자문〉을, 12살이 되어서는 숙부 이우(李堣)로부터 《논어(論語)》를 배우는 등 학업에 열성적이었을 뿐 아니라, 타고난 자질이 총명해 한번 배운 것은 잊지 않았으며, 동료들에게는 겸손하고 어른들은 예(禮)를 다해 섬김으로 주변 사람들로부터 칭송을 듣는 등 일찍부터 비범함을 보였습니다.

또한 선생께서는 입신(立身) 출세의 길 보다는 오로지 학문에 전념함으로써 자기 자신을 인간적으로 완성시키는 일에 더 깊이 매달리려 했으나, 형과 어머니의 간곡한 권유를 뿌리치지 못해 비교적 늦은 34살의 나이에 과거를 보고 합격하였습니다. 그 후 예문관 검열을 시작으로 이조판서까지 수많은 벼슬을 수행했으나 처음 마음먹은 학문에 대한 열정은 변하지 않아 열심히 학문을 탐구하였습니다. 그리하여 마침내 우리나라 성리학의 거두로서 '퇴계학(退溪學)' 이라는 독자적인 학문을 성립시켰습니다. 유성룡(柳成龍), 김성일(金誠一), 정구(鄭逑) 등 무려 300여 명의 제자를 배출하여 영남학파(嶺南學派)가 형성되었고, 그 맥은 오늘날까지도 이어져 내려오고 있습니다.

〈자성록(自省錄)〉, 〈주자서절요(朱子書節要)〉, 〈성학십도(聖學十圖)〉 등 많은 저술과 《도산십이곡(陶山十二曲)》, 《퇴계필적(退溪筆迹)》등 작품집을 남겼고, 영의정에 추증(追贈)되었으며, '문순(文純)' 이란 시호(諡號)를 받았습니다.

오늘날 대구와 경산 사이의 이 지역을 고산(孤山)이라고 부르게 된 것도 사실은 퇴계 선생이 이곳 서원에 와서 '고산서원' 이라는 편액을 남긴 데서부터 시작되었다고 합니다.

《경산읍지》에 의하면 조선 선조초(宣祖初) 성산(지금의 고산) 북쪽에 서당(書堂)을 짓고 퇴계(退溪)에게 이름을 지어 달라고 하니 '고산(孤山)' 이란 편액(扁額)을 써주었다고 합니다. 이로 보아 이때에 '고산(孤山)' 이라는 말이 처음 등장했다는 것입니다.

이러한 퇴계 선생이 이 지역에 와서 지역 사림(士林)을 위해 강의(講義)를 한 것은 우리 지역 문풍진작을 위해 매우 뜻 깊은 일이 아닐 수 없습니다.

문풍진작 또한 목민관의 임무이니
우복 정경세 선생

앞서 '퇴계 이황 선생 나무' 옆에 대구광역시가 명명한 '우복 정경세 나무'가 서 있습니다. 약 300여 년 된 나무로 추정되는데

고산서원 뒤의 이황 나무(좌)와
정경세 나무(우)

원래는 한 뿌리에서 갈라져 나온 것으로 보입니다.

대구에는 우복 정경세(愚伏 鄭經世, 1563~1633) 선생의 유적이 더러 있습니다. 경북대학교 박물관 앞 잔디밭에도 '대구도호부사우복정선생영세불망비(大丘都護府使愚伏鄭先生永世不忘碑)'라고 새겨진 연청색 화강암 비석이 하나 서 있습니다.

이 비는 대구도호부사로 근무하면서 대구 부민들을 위해 많은 일을 한 선생의 치적을 기리기 위해 1670년(현종 11년)에 당시 주민들이 세운 것입니다.

선생은 경북 상주 청리면에서 태어나 18세에 상주 목사로 부임한 유성룡(柳成龍)의 문하에 들어갔습니다. 그는 퇴계(退溪) 이황(李滉)의 양대 제자인 유성룡(柳成龍)과 김성일(金誠一) 가운데 유성룡의 학맥을 잇는 수제자가 되었으며, 1586년(선조 19년) 알성문과(謁聖文科)에 급제한 뒤, 인조 때에는 홍문관 대제학을 지냈습니다.

근면 성실한데다 학문이 깊어 주위로부터 많은 신임을 받아 여러 직책을 맡았는데 한때 영남어사(嶺南御史)가 되어 왜적을 막기 위한 진영(鎭營)을 순시하기도 하였습니다. 임진왜란이 일어나자 의병을 모집하여 안령산(상주시 외남면)에서 적과 대항하다 크게 패하고 어머니와 아우를 잃기도 하였습니다.

1598년(선조 31년) 2월에 승정원우승지로, 3월에는 좌승지로 승진되었고, 4월에는 경상감사가 되었습니다. 당시 영남 지방은 임진왜란의 후유증으로 먹을거리가 부족하고 인심이 각박하였습니다. 이에 선생은 관청의 곡식을 부민들에게 골고루 분배하는 한편, 부민들의 교육에 힘써 점차 안정을 가져오게 되었습니다. 특히 지금의 지산동과 범물동 일대에 저수지와 수리시설을 만들어 가뭄에 고생하는 부민을 도우고, 서원을 열어 학문을 널리 장려하였다는 기록이 남아있습니다.

이 불망비는 1970년대 도시 계획으로 못이 메워지면서 부러진 채 둑에 방치되었던 것을 1985년 여름 후손에 의해 현재의 위치로 옮겨졌으나 비문이 많이 닳아서 판독하기가 어려웠습니다. 그리하여 1992년 이 비와 같은 것을 만들어 대구향교(大邱鄕校) 안에 세우기도 하였습니다.

한편, 수성구 상동 산22 고산서원(孤山書院) 뒷산에는 '퇴도이선생우복정선생강학유허비(退陶李先生愚伏鄭先生講學遺墟碑)'라고 새겨진 비가 서 있습니다. 연청색(軟靑色) 수세암(水洗岩)으로 되어있는데 특히 머리 부분에는 앞뒤에 모두 국화 무늬가 아름답게 새겨져 있습니다.

이 비는 대구광역시 문화재 자료 제15호로 지정되어 있는데, 우복 선생이 대구부사로 재임 시 퇴계 선생과 더불어 이곳에서 학생들을 가르친 것을 기념하기 위해서 1872년(고종 9년)에 세운 것입니다. 비문은 당시 현령(顯令)으로 있던 이헌소(李憲昭)가 지었습니다.

이로 미루어 보면 우복 선생은 우리 대구를 위해 많은 일을 하였음을 알 수 있습니다.

선생이 우리 대구와 직접적으로 인연을 맺은 것은 대구부사(大邱府使)가 되고부터입니다.

고산서원 뒤 이황, 정경세 선생 강학 기념비

재임기간이 비록 1년도 못되었지만,지역의 대표적인 유학자인 서사원(徐思遠), 인동(仁同)의 장현광(張顯光)등과 교유(交遊)하면서 대구의 문풍진작(文風振作)을 위해 많은 노력을 기울였습니다.

선생이 고산서원(孤山書院)에서 강의(講義)한 것도 아마 이때가 아닌가 합니다.

대구 지역에서 최초(1563년)로 설립된 연경서원(硏經書院, 지금은 없어짐)에 퇴계(退溪) 이황(李滉)과 한강(寒岡) 정구(鄭逑), 그리고 우복(愚伏)선생을 모신 까닭을 '문장공(文莊公)은 본읍의 수령이 되어 학교를 드러내어 밝게 하고 유교(儒敎)의 교화(敎化)를 크게 일으켰기 때문' 이라는 기록이 전해지고 있는 것으로 보아 이 무렵에 대구 지역 여러 곳에서 학문을 강(講)한 것으로 보입니다.

선조(宣祖)가 돌아가고 광해군(光海君)으로 왕권이 교체되자 선생은 새 조정(朝廷)에서 수행해야 할 내정개혁 과제를 조목조목 건의하는 만언소(萬言疏)를 올리게 되는데, 이때 파격적인 내용을 담고 있어 광해군(光海君)이 대노하여 선생을 엄히 문책하려 하였으나, 당시 영의정(領議政) 이원익(李元翼)과 좌의정(左議政) 이항복(李恒福)의 변호로 수습되는 일도 있었습니다. 이로 미루어 보면 선생의 성품이 강직하고 진보적이었음을 짐작할 수 있습니다.

그 뒤, 선생은 형조(刑曹)와 이조판서(吏曹判書), 홍문관(弘文館) 및 예문관(藝文館)대제학(大提學)을 거치면서 나라 일에 온힘을 바치다가 당쟁이 심해지자 벼슬을 버리고 고향인 지금의 상주로 돌아왔습니다. 그리고는 마을에 존애원(尊愛院)을 설치하여 사람들의 병을 무료로 진료하고 서당도 열어 인재 양성에도 힘썼습니다. 그리하여 오늘날까지도 크게 존경받고 있습니다.

지은 책으로는 《우복집(愚伏集)》과 《상례참고(喪禮參考)》 등이 있고, 찬성(贊成)에 추증(追贈)되었으며 '문장(文莊)'이라는 시호(諡號)를 받았습니다.

이에 대구광역시에서는 고산서원(孤山書院) 뒤란에 '퇴계(退溪)이황(李滉) 나무'와 나란히 있는 큰 느티나무를 '우복 정경세 선생 나무'라 명명하여 나라를 위해 크게 활약하고 지역 문풍진작을 위해 노력한 선생을 기리고 있습니다.

형제가 모두 독립운동가였다
시인 이육사와 평론가 이원조

이육사(본명 이원록)

까마득한 날에
하늘이 처음 열리고
어데 닭 우는 소리 들렸으랴

모든 산맥들이
바다를 연모해 휘달릴 때도
차마 이곳을 범하던 못하였으리라

끊임없는 광음(光陰)을
부지런한 계절이 피어선 지고
큰 강물이 비로소 길을 열었다

지금 눈 내리고
매화 향기 홀로 아득하니

내 여기 가난한 노래의 씨를 뿌려라

다시 천고(千古)의 뒤에

백마 타고 오는 초인(超人)이 있어

이 광야에서 목 놓아 부르게 하리라.

역사의 한 순간을 증언하고 그것을 다시 후세의 초인에게 전승하여 확인하게 하려는 시인의 높은 역사 의식이 담긴 이육사(李陸史, 1904~1944) 시인의 시 〈광야(曠野)〉입니다. 조국 광복의 꿈을 안고 중국 대륙을 방랑하던 시절에 얻은 시상(詩想)을 형상화한 작품으로 시인의 굳은 의지와 신념이 격조 높은 가락 속에 담겨 있습니다.

〈청포도〉, 〈광야〉와 같이 주옥같은 저항시로 우리 문단에서 중요한 위치를 차지하고 있는 이육사 시인의 본명은 이원록(李源祿)으로서 퇴계 이황 선생의 14세 후손입니다.

1904년 경북 안동 원촌리에서 출생하여 어린 시절을 보내고 청년 시절 영천으로 이주하였다가 대구에 정착하게 됩니다. 이로 미루어 보면 이육사는 집안 형편에 따라 이사를 자주 한 것으로 보입니다.

육사는 열일곱 살 되던 해인 1921년에 2년 연하인 순흥 안씨(順興 安氏)와 결혼하고, 영천으로 이주하여 백학학교에 잠시 수학한 후에 다시 대구로 나와 대륜고등학교의 전신인 교남학교(嶠南學校)에 다니면서 바로 의열단(義烈團)에 가입하여 독립운동 일선에 뛰어듭니다.

선비 집안의 육사가 과격한 노선의 의열단에 가입한 것은 고향을 떠나오기 전 읍내에 책을 사러갔다가 한쪽 얼굴이 몹시 일그러진 여인을 보았기 때문이었습니다.

"아이고, 흉해!"

당시 열서너 살이던 육사는 읍내 장터거리에서 코가 없는 여인이 구걸을 하고 있는 것을 보게 되었습니다.

"쉿, 저 여자는 죄도 없이 일본 경찰에게 끌려가 저렇게 되었대. 남편이 독립 운동을 했기 때문이래."

"으으!"

그런데도 일본 경찰의 눈이 무서워 아무도 도와주지 않았습니다.

"이럴 수가!"

그 때, 육사는 두 주먹을 굳게 쥐었던 것입니다. 그러니 뒤에 의열단에 가입하게 된 것은 당연한 귀결이었는지도 모릅니다.

"우리 의열단의 기본 강령은 대한독립이다. 이를 이루어 농민에게 토지와 집을 돌려주어야 한다. 이를 위해서는 우리는 모든 수단을 다 사용해야 한다. 만세 운동으로는 한계가 있다. 일찍이 우리 집안은 임진왜란 때에 의병에 참가하였고, 가까이로는 조부님이 노비를 해방시켰고 외조부 또한 의병장을 지내신 바 있다. 그러니 우리 형제가 의열단에 참여하는 것은 의무라고도 할 수 있다."

육사는 동생들과 독립 운동에 참여할 것을 굳게 다짐하였습니다.

의열단 입단을 계기로 육사는 중국 북경을 내왕하다가, 드디어

만촌동 대륜고등학교 경내의 이육사 기념 조형물과 고로쇠나무

1927년 가을 장진홍(張鎭弘) 의사의 조선은행 대구지점 폭파사건에 연루되어 폭탄 반입 혐의로 체포되어 대구형무소에 갇히게 됩니다.

이때의 수인 번호가 바로 '264(二六四)'였습니다. 이 264(二六四)'는 나중에 '이육사(李陸史)'로 바뀌어 필명이 됩니다. 그러니 진정한 이육사 시인의 탄생은 바로 대구가 그 무대인 것입니다.

육사는 모두 6형제인데 첫째 원기(源祺), 셋째 원일(源一), 넷째 원조(源朝), 다섯째 원창(源昌), 여섯째 원홍(源洪)이고 둘째가 바로 육사인 원록(源祿)이었습니다. 육사가 일경에 체포될 때에 함께 활동한 첫째부터 넷째까지 4형제가 모두 일제 경찰에 체포돼 고초를 겪었습니다.

육사는 형제들과 함께 대구형무소에서 참담한 고문을 당하면서 2년 6개월간 갇혀 있다가 출옥하였습니다. 그러나 육사는 이에 굽히지 않고 더욱 적극적으로 독립 운동에 투신하였습니다. 또한 이때부터 육사는 시(詩)도 쓰게 되는데 조선일보에 〈말〉을 발표한 1930년부터 본격적인 시인으로 활동합니다.

육사는 중국과 대구, 경성부(서울)를 오가면서 항일 운동을 하는 한편, 〈시인부락〉과 〈자오선〉 동인으로 문학 활동도 활발하게 전개하였습니다. 그러는 동안 대구 격문 사건 등 크고 작은 독립 운동에 참여하여 여러 차례 체포되고 구금되었습니다.

1931년에는 조선일보 기자로 활동하면서 동시에 독립 운동을 전개하였습니다. 그리하여 1932년 6월 초에는 중국 북경에서 중국 개화기의 유명한 소설가 노신(魯迅)을 기자이자 문인의 자격으

평론가 이원조

로 만나, 동양의 정세를 논하기도 하였습니다. 뒷날 노신이 사망하자 조선일보에 추도문을 게재하고, 그의 작품 〈고향〉을 번역하여 국내에 소개하기도 하였습니다.

육사는 1943년 국내에서 체포되어 베이징으로 압송되었고, 다음해인 1944년 1월 16일 옥중에서 세상을 떠났습니다. 그의 나이 마흔 살 때의 일이었습니다. 당시 이상화 시인은 육사보다 한 해 먼저 1943년 43세의 나이로 대구에서 세상을 떠났습니다. 두 사람이 좀 더 오래 살아서 대구에서 자주 만났다면 또 다른 문학세계가 전개되지 않았을까 하는 아쉬움이 있습니다.

유고시집인 《육사시집》이 1946년에 동생이자 문학평론가인 이원조(李源朝)에 의해 출간되었습니다.

육사의 동생 이원조는 형과 함께 교남학교에 다니면서 문필에 두각을 나타내어 나중에 평론가로 활동하게 됩니다. 특이한 점은 육사에 이어 동생 원조와 원창도 조선일보의 기자로 일했다는 점입니다. 이원조는 조선일보 신춘문예에서 2년 연속 시와 소설로 당선하였고, 평론 활동도 전개하여 유명했습니다. 그 시절에는 오히려 동생 원조가 '육사의 중형(仲兄)'으로 소개될 정도였다고 합니다.

다섯째 이원창은 인천 지국 주재기자로 활동했습니다. 폐간호인 1940년 8월 11일자에 실린 지방특파원 방담기사에서 이원창은

평론가 이원조의
기념 조형물과
뒤쪽의 향나무

3형제가 조선일보에서 일한 데 대해 이렇게 자부했다고 합니다.

"기자생활 5년인데 무슨 인연인지 3형제가 본사에 관계한 것은 잊을 수 없는 사실입니다."

이원창은 광복 후에도 언론인으로 활동하다 독립운동가이자 정치가였던 조봉암(曹奉岩)의 비서를 지냈습니다.

지금 대구 만촌동에 있는 대륜고등학교 교정에는 이육사 시인과 동생 이원조 문학평론가를 기념하는 조형물이 설치되어 있습니다.

이에 그 조형물 바로 옆의 아름드리 고로쇠나무와 향나무를 각각 '시인 이육사 나무'와 '평론가 이원조 나무'로 명명하고 그들 형제의 문학과 애국 정신을 기리고자 감히 제안합니다.

타국에 뼈를 묻었다
인도인 나야 대령

　수성구 범어동 156번지 뒷산에 우리나라 식 비석이지만 주인공은 인도인 나야(M. K. Unni Nayar) 대령의 기념비 하나가 서 있습니다. 이 비석 앞에는 해마다 대구시장과 수성구청장이 보내는 화환이 놓여집니다.

　대구여자고등학교 뒷산으로도 갈 수 있지만 어린이회관 왼쪽 수성구민운동장 입구에 나야 대령 기념비로 가는 길을 안내하는 표지판이 서있습니다.

　나야 대령은 한국 전쟁이 발발한 지 얼마 되지 않은 1950년 7월 당시 국제연합(UN) 한국위원단의 인도 교체 대표로 한국에 들어와 전투가 치열하던 낙동강 전선을 돌아보다 애석하게도 8월 12일 경북 칠곡군 왜관 지역에서 지뢰 폭발로 39세의 꽃다운 청춘을 이국땅에서 마감한 인도인 장교입니다.

　1948년 구성된 유엔한국위원단은 남북 간의 군사적 충돌을 감시하고 소련군의 철수 및 남한의 경제·사회적 발전을 위해 일하다가 한국전쟁이 발발하자 이를 즉각 유엔에 보고해 안전보장이

사회의 소집을 요구하였습니다.

나야 대령은 전쟁이 발발하자 이미 유엔한국위원단의 일원으로 우리나라에 와 있던 인도대표와 교체되어 한국에 파견된 뒤 겨우 한 달 만에 순직하고 말았습니다.

나야 대령이 숨진 왜관전투는 그가 죽은 지 사흘 뒤 유엔군이 B29기 29대를 출동시켜 850톤의 폭탄을 투하, 세계 제2차 대전 후 최대의 폭격 기록을 남길 정도로 치열하였습니다. 그리하여 유해를 본국으로 송환하기가 어려워지자 나야 대령의 시신은 전사 다음날인 8월 13일 대구시 수성구 범어동 야산의 주일골에서 당시 유엔 관계자들과 대구지역 단체장들이 지켜보는 가운데 화장(火葬)되어 한줌의 재로 변하고 말았습니다.

범어동 뒷산의 나야 대령 추모비

조재천 당시 경북도지사는 전쟁 중임에도 나야 대령의 뜻을 기려 각계의 성금을 모은 뒤 화장지인 그 자리에 재를 뿌리고 1m 40cm 크기의 화강암 비석을 세웠는데 이것이 그의 묘지이자 기념비가 되었습니다.

그의 이야기는 그가 숨진 지 17년만인 1967년 미망인 비마라 나야(Vimala Nayar) 여사가 당시 인도 뉴델리 한국총영사였던 임병직 씨로부터 남편 기념비 사진을 전달 받고 방한하면서 세간에 알려지기 시작한 이래, 1970년에는 주한 인도총영사가, 1988년에는 주한 인도대사 부부, 1989년 5월에는 나야 여사가 방문하였으나 최근에는 기념비를 찾는 인도인의 발길은 드물다고 합니다.

이에 대구 수성구청이 1995년부터 나야 대령의 묘지를 관리하기 시작하여 우거진 풀을 베어내고 깨어진 보호각들을 보수하여 오늘에 이르고 있는 것입니다.

짙은 회색의 기념비 정면에는 크게 '국제연합한국위원단 인도 교체대표 고 나야 대령 기념비(國際聯合韓國委員團印度交替代表 故나야大領記念碑)'라고 새겨져 있고, 그 위에 출신국, 순직 장소 및 일시, 매장 일자 등을 영문으로 간략하게 적혀있습니다.

묘소 주위에는 대나무, 광나무, 영산홍, 가문비나무 등이 울타리를 이루고 있고 비석 가까이에는 맥문동이 자라고 있습니다. 기념비 정면으로 향하는 돌계단 양 옆에는 배롱나무 한 그루씩을 심어 수문장 역할을 하게 하였고 기념비 둘레에는 소나무, 밤나무, 상수리나무 등 원래부터 이곳에 있던 키 큰 나무들이 에워싸고 있어서 안정되어 보입니다.

범어동 나야 대령 나무
(상수리나무)

　이에 이 기념비 뒤에 서있는 아름드리 상수리나무를 '나야 대령 나무' 로 명명하고 나야 대령의 영혼을 위로하는 한편, 당시 우리 나라의 모습을 되돌아보고자 합니다.

　상수리나무라는 이름에는 다음과 같은 전설이 어려 있습니다. 상수리나무에 달리는 도토리는 원래 '톨' 로 불렸다고 합니다. 그런데 어느 임금이 오랑캐가 쳐들어오자 깊은 산속으로 피난을 갔는데, 거기에서 먹을 것이 떨어지자 톨 열매를 주워 묵을 만들어 먹었다고 합니다. 임금이 먹는 음식이니 '수라' 라고 부르다가 매우 귀한 수라이니 '상수라' 라고 불리게 되었는데 이 말이 나중에는 '상수리' 로 변했다는 것입니다.

　그리고 전쟁이 끝나 궁궐에 돌아온 임금은 '톨' 을 다시 먹어보고는 너무 떫자 '도로 톨이라고 해라' 했다하여 '도토리' 가 되었다고도 합니다.

　또, 돼지가 좋아하는 '톨' 이라고 하여 '돗토리' 라고 불리다가 '도토리' 가 되었다고도 합니다.

186

달성군

망우당 곽재우 / 존재 곽준 / 한훤당 김굉필 / 모하당 김충선 / 예문관제학 추적
인산재 문경호 / 서재마을과 도여유

전국 최초로 의병을 일으켰다
망우당 곽재우 장군

　달성군 유가면 '구례리(求禮里)'는 마을 이름이 '예를 구한다'
하여 범상한 마을이 아님을 시사하듯이 임란(壬亂)때에는 의병을
일으켜 크게 전과를 올린 망우당(忘憂堂)곽재우(郭再祐, 1552～
1617) 장군의 신주(神主)를 모셔 둔 예연서원(禮淵書院)이 있습니
다.

　이 마을은 북쪽으로 비슬산이 감싸고, 남쪽에는 바다같이 넓은
호수인 달창지(達昌池)가 있어 산자수명하기 그지없는 곳입니다.

　장군은 당시 영남 유학의 2대 산맥 중의 한 분인 남명(南冥)조식
선생으로부터 학문을 배웠습니다.

　1585년(선조 18년) 문과에 2등이란 우수한 성적으로 합격하였
으나 지은 글이 선조의 뜻에 거슬려 무효가 되어 입신출세의 길이
순탄하지 않자, 고향으로 돌아와 조그마한 정자를 짓고 글 읽기로
소일하던 중 1592년 임진왜란이 일어나자 의병을 모아 많은 전과
를 올렸습니다.

　그 후 유곡 찰방을 시작으로 형조정랑, 성주 목사, 진주 목사를

망우당 곽재우 장군상(효목동 망우당 공원)

역임하면서 선정과 왜적을 물리치기에 혼신의 노력을 기울였으나 전쟁 중에도 끊이지 않는 파당정치가 싫어서 고향인 현풍으로 돌아왔습니다.

그러나 1597년 왜(倭)가 다시 군사를 모으자 나라에서는 장군을 방어사로 등용하였습니다. 이에 구지의 대니산에 석문산성을 쌓고 다시 창녕 화왕산으로 옮겨 전쟁을 준비하던 중 어머니(계모)가 돌아가시자 상중(喪中)임을 들어 벼슬에 나아가지 않았습니다.

1599년(선조 32년) 경상우도 방어사를 비롯, 무려 29회에 걸쳐 관직에 임명되었으나 14회는 나아가지 않았습니다.

장군이 벼슬자리에 나아가지 않은 가장 큰 이유는 전쟁 중인데

구례마을 곽재우 장군 신도비각과 망우당 곽재우 장군 나무(느티나무)

도 끊임없이 파쟁이 계속되는 데에 있었던 것으로 보입니다. 장군은 심지어 광해군의 부름에도 응하지 않다가 전라도 영암으로 유배를 당하기도 하였습니다.

전장을 누빌 때에는 늘 붉은 옷을 입어 홍의장군(紅衣將軍)으로도 불리운 망우당은 66세를 일기로 돌아가시니 구지면 신당의 묘소는 유언에 따라 주변에 나무 한그루 심지 아니하고 봉분은 오히려 여느 묘보다 낮게 꾸몄습니다.

1618년(광해군 10년) 유가면 가태리에 예연서원(禮淵書院)의 전신인 충현사(忠賢祠)가 세워지고, 1677년(숙종 3년) '충익(忠翼)'이란 시호가 내려졌습니다.

아름다운 가태리 구례마을 앞을 떡 버티고 서있는 400여 년 된 위엄 있는 느티나무를 대구광역시에서는 '망우당 곽재우 장군 나무'라 하여 장군의 호국 정신을 기리고 있습니다.

일문 삼강을 이루었다
존재 곽준 선생

　명문(名門) 현풍 곽씨(玄風郭氏)들의 본향은 대리(大里)이나 다른 이름으로는 '예(禮)를 따른다' 하여 '솔례(率禮)'라고도 합니다.

　현풍 IC에서 진주로 가는 국도를 따라 들면 오른쪽 첫 번째 만나는 마을입니다.

　여느 마을 초입과 달리 집안 출신의 충신1, 효자9, 열녀6명 등모두 16분을 기리는 12칸의 십이정려각(十二旌閭閣)이 있어 명문가 집성촌임을 과시하고 있습니다.

　특히 그 중에서 일문삼강(一門三綱)이라는 편액이 있는 한칸이더욱 눈길을 끄는데 이 공간은 존재(存齋) 곽준(郭赿, 1551~1597) 선생 일가의 파란만장한 일대기가 서려있는 곳입니다.

　한 가문을 통해 충신이면 충신, 효자면 효자, 단 한 사람이 배출되어도 영광이 아닐 수 없는데 조선조 당시 양반사회의 가장 큰덕목인 충(忠), 효(孝), 열(烈), 즉 삼강(三綱)을 일가(一家)에서 모두 배출한 사례는 아마도 좀처럼 찾아보기 드문 일로써 가문의 영광이기에 앞서 같은 땅을 밟고 살아가는 지역민 모두에게도 자랑스러운 일이 아닐 수 없습니다.

솔례에서 태어난 곽준 선생은 명문가 후예답게 글 읽기를 좋아했으나 많은 사람들이 과거를 통해 지위 향상을 도모하는 것을 보고 '하늘이 사람을 낼 때 어찌 명리에 치우친 과거시험만을 옳다고 했겠는가? 사람들이 요즘 너무 명예에 골몰하여 인성의 본분을 모르고 있다'고 하며, 오로지 자기 수양에만 힘썼습니다.

임진왜란이 일어나자 친구 김면(金沔)등과 함께 거창 등지에서 왜(倭)와 싸운 공으로 안음 현감으로 발탁되니 그가 관할하고 있는 황석산성(黃石山城)은 호남을 방어하는 최후의 거점이었습니

예연서원

다. 정유재란 때에는 마침내 왜
가 호남으로 진출하기 위해 이
곳까지 진격해 오니 그들과 맞
싸우기에는 관군이 너무 열세
였습니다.

　선생은 같이 참전한 두 아들
이상(履常)과 이후(履厚)와 힘
을 모아 동요하는 관군을 독려
하며 열심히 적과 싸웠습니다.
그러나 중과부적으로 끝내는 3
부자가 모두 전사하고 말았습
니다.

　그러자 이 소식을 들은 맏며
느리 거창 신씨(居昌愼氏)가 남

예연서원 앞 곽준 나무(은행나무)

편을 따라, 공(公)의 사위도 장인(丈人)을 따라, 공의 딸 역시 남편
을 따라 숨을 거두니, 마침내 이러한 오중(五重)의 순사(殉死) 사
실이 조정에 알려지자 훗날 선조께서 가상히 여겨 '일문삼강'이
라 하며, 정려를 내려 많은 사람들의 본보기가 되게 했던 것입니
다.

　곽준 선생은 1708년(숙종 34년) '충렬(忠烈)'이란 시호를 받았
습니다. 그리고 동문(同門)으로 역시 의병활동을 했던 재종질인
망우당과 함께 유가면 가태리의 예연서원에 위패가 모셔져 있습
니다.

가태리 예연서원 입구 비각 안에는 1631년(인조 9년)에 건립된 망우당의 신도비(神道碑)와, 1634년(인조 12년) 솔례에 건립되었다가 이곳으로 이전해 온 곽준 선생의 신도비가 함께 보존되어 있습니다.

특히 이곳 망우당 비(碑)는 밀양의 사명당 비(碑)와 같이 해방이나 6.25동란 등 나라에 큰 변고가 있을 때마다 땀을 흘렸다고 합니다.

예연서원 앞에는 300여 년 된 은행나무가 의연하게 서있습니다. 이에 대구광역시에서는 이 나무를 '존재 곽준 선생 나무'로 기념하고 있습니다.

은행나무는 공자가 이 나무 밑에서 단을 놓고 제자를 가르쳤다고 하여 행단목(杏亶木)이라고 하여 '학교'를 뜻합니다. 또한 잎이 오리 발자국 모습을 닮았다하여 압각수(鴨脚樹)라고도 합니다. 그런데 무엇보다도 열매가 은백색이므로 백과(白果)라고도 부르는데 열매의 겉모양이 살구와 비슷하기 때문에 은빛 살구란 의미로 은행(銀杏)이라고 부르고 있습니다.

차가움과 따뜻함을 어이 다르다 하리
한훤당 김굉필 선생

 도동서원(道東書院)은 앞으로는 낙동강이 유유히 흘러가고, 뒤쪽으로는 대니산(戴尼山)이 아늑하게 에워싸고 있습니다. 현풍에서 도동서원으로 가는 길 주변에는 기름진 옥토가 아늑하게 펼쳐져 있습니다.

 도동서원에 모셔져 있는 한훤당 김굉필(金宏弼, 1454~1504) 선생은 정여창, 조광조, 이언적, 이황과 더불어 동방오현(東方五賢) 중의 한 분으로서 그 중에서도 수현(首賢)이기에 더욱 이곳이 예사로운 곳이 아님을 느끼게 합니다.

 한훤당 선생은 성인이 되어서도 스스로를 '소학동자(小學童子)'라고 일컬을 정

도동서원 앞 김굉필 나무(은행나무)

도로 자신의 모든 행동은 《소학(小學)》의 가르침에 따르고 있다는 것을 긍지로 여겼습니다.

김굉필은 김일손(金馹孫), 정여창(鄭汝昌) 등과 함께 점필재 김종직(金宗直)의 문하에서 수학하였는데, 이를 계기로 평생 동안 《소학》을 손에서 놓지 않았습니다. 그리하여 누가 혹 시사(時事)를 물으면 '소학동자가 무엇을 알겠는가?' 라고 답할 정도로 이 책에 심취하였다고 전해집니다.

이를 통해 선생의 처세관을 엿볼 수 있습니다. 일견 불요불급한 현실 정치에 휩쓸리기보다는 도덕적인 삶이 중요하다는 의사 표현이기도 하였지만 선생은 민생과 도덕성에 바탕을 둔 개혁정치를 부르짖었습니다. 그것은 선생이 《소학》의 가르침인 인간 본연의 자세에 충실하되 반드시 실천에 옮기라는 가르침에 따랐기 때문입니다.

《소학》은 배움의 시작과 관련된 '입교(立敎)편', 인륜을 밝히는 '명륜(明倫)편', 몸가짐을 조심하도록 가르치는 '경신(敬身)편', 옛일을 돌이켜 배울 것을 가르치는 '계고(稽古)편', 아름다운 말을 하도록 가르치는 '가언(嘉言)편' 그리고 착한 행실을 권하는 '선행(善行)편' 등 모두 여섯 편으로 되어 있습니다.

이 중에서 '계고(稽古)편' 제24장의 내용을 살펴보면 "백유가 잘못을 지어 그 어머니가 매를 들고 다리를 때리니, 백유가 눈물을 흘렸다. 그 어머니가 물었다. '전에는 매를 맞을 때에 네가 운 적이 없었는데, 지금은 눈물을 흘리니, 왜 그러느냐?' 백유가 대답하였다. '제가 잘못을 지어 어머니께 매를 맞을 때에는 항상 그

도동서원 앞 김굉필 나무(은행나무)

매가 아팠는데, 지금은 어머니께서 힘이 없어서 매가 아프지가 않
습니다. 그래서 눈물이 났습니다.'(伯兪有過 其母笞之 泣 其母曰
他日笞 子未嘗泣 今泣 何也 對曰 兪得罪 笞常痛 今母之力 不能使
痛 是以泣)"라는 구절이 나옵니다.

　지금도 도덕 교과서에는 이와 같은 선행 미담들이 많이 나오는

것을 볼 때에 《소학》은 쉽고 재미있게 씌어진 도덕책이 분명합니다.

선생은 성리학의 복잡한 논리규명에 치우치기보다 인간이면 반드시 지켜야 할 규범을 정리한 책 《소학》에 몰두하여 오로지 수신(修身)과 극기(克己)를 통해 사회 구성원 각자가 바른 생활을 함으로써 정의로운 사회가 구현될 수 있다고 보고 이를 평생 실천한 것입니다.

선생은 서울에서 태어났으나 합천 가야로 장가를 들어 처가 옆에 작은 서재를 짓고 이름을 한훤당(寒暄堂)이라고 하였는데 이것이 결국 그의 호(號)가 되었다고 합니다. 이 호는 '추우면서도 따뜻한 집' 이라는 뜻이니, 인간의 삶도 '추울 때에는 따뜻함을 생각하고 따뜻할 때에는 추움을 생각하며 한결같은 지조로 살아가야 한다' 는 다짐이 들어있다고 할 것입니다.

선생은 생원시험에 합격하고 군자감 주부, 사헌부 감찰, 형조좌랑까지 직위가 높아져서 모범적인 공직생활을 수행했으나, 무오사화(戊午士禍)에 연루되어 평안도 희천으로 유배되었다가 다시 전라도 순천으로 옮겨져 51세 때 갑사자화(甲子士禍)로 사약을 받고 숨을 거두었습니다. 그러나 그 후 복권(復權)되어 1575년(선조 8년)에 '문경(文敬)' 이라는 시호를 받았습니다.

언제나 그렇듯 진실한 삶은 존경의 대상으로 승화되는 것이 아닌가 합니다.

도동서원은 조선 중기 서원 양식이 고스란히 보존되어 있는 곳이자 전국에서 유일하게 흙담이 보물(제350호)로 지정된 유서 깊은 곳입니다. 그리고 지형상 특이하게 북향을 하고 있어 북향인 앞쪽을 남쪽으로 실제로는 서쪽인 오른쪽을 동쪽으로 계산해서 좌향(坐向)을 놓은 곳입니다. 그리고 입구의 출입문도 일부러 그 높이를 낮추어 고개를 숙이고 공손한 태도로 드나들게 한 것도 특이한 곳입니다.

이 서원 입구 왼쪽 마당에는 400여 년 된 은행나무 한 그루가 인자한 할아버지 모양으로 손님을 맞이하고 있습니다. 이 나무는 서원이 사액(賜額)된 것을 기념해 선생의 외손자인 성리학자 한강(寒岡) 정구(鄭逑)선생이 손수 심은 것이라 전해지고 있습니다.

이에 대구광역시에서는 이 나무를 '한훤당 김굉필 선생 나무'라 하여 동방오현 중 으뜸인 선생을 기리고 있습니다.

학교를 뜻하는 행단목이 서원 앞마당에 심겨지는 것은 어쩌면 당연한 일이 아닌가 합니다만 도동서원 앞의 은행나무는 그 우람한 크기가 말하여주듯이 김굉필 선생의 큰 가르침을 느낄 수 있습니다.

훌륭한 문물을 해칠 수 없다
모하당 김충선 장군

    가창을 지나 청도로 가다가 오른쪽으로 들어가면 우록리(友鹿里)가 나옵니다. 우록리는 우리 고장은 물론 전국적으로도 그 유례가 없는 일본인 귀화 마을입니다.

    우록리의 입향조는 왜인(倭人) 사야가(沙也加)라는 사람입니다. 그는 임진왜란이 일어나자 가등청정(加藤淸正)의 우선봉장(右先鋒將)으로서 우리나라에 쳐들어 왔으나 채 싸워보지도 않고 조선의 문물에 존경심을 표하며 휘하의 부하들과 귀순하였습니다.

    그리하여 당시 가장 위력적인 무기였던 조총(鳥銃) 제조기술을 우리나라에 전해 주었을 뿐 아니라, 임진왜란이 끝난 후에도 이괄의 난, 병자호란 등 변란이 있을 때마다 나라를 지키기 위해 분연히 나라의 부름에 응하였습니다. 이처럼 특이한 분이 정착한 마을이 바로 이곳 우록리입니다.

    그 후 조총 제조기술을 바탕으로 그 밖의 대왜전쟁(對倭戰爭)에서도 많은 공을 세우자 선조가 그를 불러 조선식 이름으로 충선(忠善)이라 지어주고 바다를 건너온 사금(沙金)같은 귀한 존재라

모하당 김충선 영정(녹동서원)

하여 성은 김(金)씨로, 본관은 김해(金海)로 정해주니 사성김해김
씨(賜姓金海金氏)의 시조가 된 것입니다.

집성촌을 이루고 많은 후손을 두었는데 가장 최근의 후손으로
는 박정희 대통령 시절에 내무 및 법무장관을 지낸 김치열(金致
烈) 씨입니다.

최근 이러한 사실이 일본에 알려지자 많은 일본인들이 '조선속
의 일인촌(日人村)' 이라 하여 이곳을 다녀가고 있을 뿐아니라, 그
동안 자신들이 가지고 있던 호전적인 나라 이미지를 씻기 위해서
인지는 몰라도 더욱 이곳을 널리 알리려고 애쓰고 있다 합니다.
즉 일본에도 사야가와 같은 평화론자가 있었다는 사실을 국가적
인 자랑거리로 홍보하고 있다는 것입니다.

이곳 우록리 산 밑에는 사성김해김씨의 시조인 모하당(慕夏堂)

우록마을 모하당 김충선 나무
(은행나무)

김충선(金忠善, 1571~1642) 장군을 추모하기 위하여 지방의 유림들이 1789년(정조 13년)에 세운 녹동서원(鹿洞書院)이 자리하고 있는데, 서원 안에는 후손들이 마련한 그에 관한 사료(史料)들이 전시되어 있습니다.

이 서원에서 건너다보이는 우록리 마을 한복판에는 200여 년 된 은행나무 한 그루가 서있습니다. 이 나무는 김충선 장군이 살았던 집터를 기념하여 그의 후손들이 심은 것이라고 합니다.

이에 대구광역시에서는 귀화하여 우리나라 사람이 된 김충선 장군을 기리고, 전국에서 단 하나밖에 없는 귀화 왜인촌(倭人村)을 널리 홍보하고자 이 나무를 '모하당 김충선 나무'로 명명하고 있습니다.

비슬산을 열고 우정을 본보였다
도성선사

달성군 현풍 지역은 특히 나라를 위해 헌신한 분들이 많이 배출된 곳입니다.

특히 이곳의 비슬산(琵瑟山)은 대구의 안산(案山)으로서 유서 깊은 곳입니다. 이 산에는 많은 전설이 깃들어져 있습니다.

비슬산의 비(琵)와 슬(瑟)은 비파를 탈 때에 현을 내어 튕기는 기법과 들여 당기는 기법을 나타낸 것이라고 하여 음양의 조화를 이룬 산 이름이라고 합니다.

그리고 산 이름에 임금왕(王)자가 4개나 들어 있어서 이 산의 정기(精氣)로 4명의 대통령이 나온다는 속설이 있기도 합니다. 즉 박정희, 전두환, 노태우 대통령에 이어 또 한사람의 대통령이 대구에서 더 배출된다는 것입니다.

그러나 이 산의 옛 이름은 포산(苞山)이었습니다. '포(苞)'는 '들콩'이라는 뜻도 있지만 '모든 것을 감싸 안는다'는 뜻도 있는 만큼 예사롭지 않습니다.

일연(一然)스님의《삼국유사》에는 '포산의 두 성사(聖師)'라는

도성암 앞마당의 도성대사 나무(느티나무)

이야기가 실려 있습니다.

　이 중에서 도성대사(道成大師)는 827년(신라 흥덕왕 2년)에 이
곳에 명찰(名刹) 유가사를 창건하신 분입니다. 《삼국유사》에 따르
면 도성대사는 북쪽 토굴에, 관기(觀機)라는 스님은 10여리 정도
떨어진 남쪽 암자에 살았다고 합니다. 서로 사이가 좋아 달이 밝

989봉에서 바라본 관기봉

은 밤이면 구름을 헤치고 찾아가서 놀았다고 합니다. 이때에 도성
대사가 관기스님을 찾아가고 싶으면 비슬산의 모든 나무들이 남
쪽으로 누워 관기스님을 영접하는 자세를 취하고, 반대로 관기스
님이 도성대사를 보고 싶어 하면 나무들이 북쪽으로 누워 도성대
사를 영접하는 자세를 취해 그 뜻을 알고 찾아가 서로 만나곤 하
였다는 것입니다.

자연도 알아주는 우정이 부럽기만 합니다.

이 산에는 지금도 도성암이 있고 관기봉이라는 봉우리가 있어
두 분의 이야기를 뒷받침하고 있습니다. 그러니까 이 두 분이 이
곳 비슬산의 개산조(開山祖)라고 하겠습니다.

이에 대구광역시에서는 도성암 마당에 있는 200여년 된 느티나
무를 '도성대사 나무'로 지정하여 도성대사를 기리고 있습니다.

《명심보감》을 편찬하였다
고려 예문관제학 추적 선생

명심보감

　월배에서 달성군 화원 본리 마을로 향하다 보면 왼쪽으로 남평 문씨 집성촌이 보이고 그 맞은편에 인홍서원(仁興書院)이 보입니다. 인홍서원으로 들어가는 입구에는 아름드리 버드나무가 그 위용을 자랑하고 있습니다. 그러나 어쩐지 인자한 모습으로 방문객을 맞이해 줍니다.

　인홍서원은 불후의 수신서 《명심보감(明心寶鑑)》을 편찬한 노당 추적(露堂 秋適) 선생을 제향한 곳입니다. 서원 경내에는 《명심보감》판본을 보관하였던 경판각도 남아 있습니다.

　《명심보감》은 고려 시대 충렬왕 31년(1305년) 때에 예문관제학(藝文館提學)을 지낸 문신 추적 선생이 어린이들의 유교 학습을 위하여 중국 고전에서 선현들의 금언(金言)이나 명구(名句)를 뽑아 편집한 책입니다.

그러나 그 영향력이 대단하여 조선 시대는 물론 오늘날까지도 수신서(修身書)로 널리 읽혀지고 있습니다. 뿐만 아니라 이 책은 당시 고려와 조선뿐만 아니라 중국과 동아시아 일대의 국가에 널리 알려졌습니다. 현재 전하는 것은 고종 6년(1869) 추적 선생의 후손인 추세문(秋世文) 선생이 손질한 인흥재사본이 일반적으로 쓰이고 있습니다.

체재는 모두 19편으로 구성되어 있는데 착한 일을 한 사람에게는 복이 오고 악한 사람에게는 재앙이 내리니 끊임없이 선행을 계

인흥서원 입구의 추적 선생 나무 (버드나무)

속해야 한다는 계선편(繼善篇) 11조, 하늘의 뜻에 따라 살아야 한다는 천명편(天命篇) 7조, 하늘로부터 주어진 천명에 따르라는 순명편(順命篇) 5조, 어버이에게 효도하라는 효행편(孝行篇) 5조, 자기 자신을 올바로 세우는 데 도움이 되는 글들을 모은 정기편(正己篇) 26조, 주어진 분수를 지켜 지금의 생활에 만족하라는 안분편(安分篇) 5조, 자신에게는 엄격하고 남에게는 관대하게 대하라는 존심편(存心篇) 21조, 본성을 지키는 방법으로써 참음을 강조하고 인정을 베풀라는 계성편(戒性篇) 9조, 학문에 부지런히 힘쓰라는 근학편(勤學篇) 8조, 자녀교육의 중요성을 강조하고 교육에 도움이 되는 글을 모은 훈자편(訓子篇) 10조, 자신의 마음을 살피기 위해 자아성찰에 도움이 되는 글을 모은 성심편(省心篇) 85조, 유교사회의 기본윤리인 삼강오륜을 비롯한 실천 윤리를 가르친 입교편(立敎篇) 10조, 정치의 요체가 애민(愛民)에 있음을 강조한 치정편(治政篇) 8조, 집안을 다스리는 데 도움이 되는 말을 모은 치가편(治家篇) 8조, 부자·부부·형제의 관계를 인륜의 바탕으로 강조한 안의편(安義篇) 3조, 예절이 모든 사회관계의 근본이라는 준례편(遵禮篇) 6조, 말을 삼가라고 가르치는 언어편(言語篇) 7조, 좋은 벗을 사귀라는 교우편(交友篇) 8조, 부녀자의 수양을 가르친 부행편(婦行篇) 5조로 되어 있습니다.

이외에 판본에 따라서는 인과응보에 대한 가르침을 모은 증보편(增補篇), 효도에 대한 가르침을 노래로 지은 팔반가(八反歌), 한국의 효자들의 실화를 예로 든 속효행편(續孝行篇), 한국 사람을 예로 들어 청렴과 의리를 강조한 염의편(廉義篇), 세월의 빠름

을 강조하면서 힘써 배
우기를 권하는 권학편
(勸學篇) 등이 붙어 있기
도 합니다.

《명심보감》에 자주 등
장하는 인물들은 공자
(孔子)· 강태공(姜太
公)· 장자(莊子)· 소강
절(邵康節)· 순자(荀
子)· 마원(馬援)· 사마
온공(司馬溫公＝司馬
光)· 정명도(程明道)·
소동파(蘇東坡)· 주문
공(朱文公) 등이며, 많이
인용한 책들은《경행록

추적 선생의 글씨

景行錄》·《공자가어 孔
子家語》·《격양시 擊壤詩》·《성리서 性理書》·《예기 禮記》·
《역경 易經》·《시경 詩經》 등입니다.

《명심보감》은 여러 글에서 뽑아 엮은 책이므로 문장의 특성은
없으나, 다른 수신 서적들이 주로 유가(儒家) 중심인 데 비하여 도
가(道家) 관계의 책들도 함께 인용되고 있습니다. 그리고 유가 가
운데에는 공자의 말은 많이 인용되지만 맹자의 말은 거의 인용되
지 않고, 주희(朱熹)를 비롯한 송대(宋代) 성리학자의 글들이 많

210

이 인용되고 있습니다.

《명심보감》은 조선시대에 가장 널리 읽힌 책의 하나로 〈동몽선습〉과 함께 〈천자문〉을 익힌 아동들의 한문 지도서로도 사용되었습니다. 그리하여 조선시대의 유교적 사유 방법을 이해하는 데에도 중요한 자료로 쓰이고 있습니다.

이에 인흥서원으로 가는 입구 냇가에 있는 아름드리 버드나무를 '노당 추적 선생 나무'로 명명하여, 선생의 학덕을 기리고자 합니다.

버드나무는 그 성질이 부드러워 '부들나무'라고 불리다가 '버들나무', '버드나무'로 불리게 되었다고 합니다. 목질(木質)이 연해서 고목(古木)으로 남아있는 경우가 힘든 것이 흠입니다만 인흥서원에서 바라보이는 냇가에 우람하게 서있는 버드나무는 '남을 대할 때에는 봄바람과 같이 부드럽게 하고 자기를 대할 때에는 가을 서리와 같이 엄격하게 하라(對人春風 臨己秋霜)'는 가르침을 떠오르게 하므로, 감히 이 나무를 '추적 선생 나무'로 명명하고 그의 가르침을 기리고자 합니다.

이웃마을 청년들도 가르쳤다
인산재 문경호 선생

월배에서 고령으로 나가다가 큰 계곡을 따라 왼쪽으로 접어들면 화원 본리 '인흥마을'이 나타납니다. 인흥마을은 고려 때에 이곳에 있었던 큰절, 인흥사(仁興寺)에서 비롯되지 않았는가 합니다.

그러나 지금은 폐사가 되어 기울어져가는 옛 석탑의 흔적만 남아 이곳이 인흥사의 터였음을 말해주고 있습니다. 당시 인흥사 석탑은 지금 경북대학교 야외박물관으로 옮겨져 전시되고 있습니다.

이곳 인흥사에서 우리나라의 귀중한 고대 역사서인《삼국유사(三國遺事)》의 기초 작업이 이루어졌음을 생각할 때에 이곳은 길이길이 보존되어야 할 성지가 아닌가 합니다. 우리나라 최고(最古)의 역사서 중 하나인《삼국유사》를 쓴 일연(一然) 스님이 바로 이곳 인흥사에서 머물렀기 때문입니다.

또한 이곳에서 작은 개울 하나 건너면 시대를 초월하여 널리 읽히고 있는 수신서(修身書)《명심보감(明心寶鑑)》을 발간했던 인

남평 문씨 세거지 인흥마을

홍서원(仁興書院)이 자리하고 있습니다. 그리고 조선 전기 대일공무역(對日公貿易) 기관인 왜물고(倭物庫)도 이곳에 있었다고 하는데 그 정확한 터는 알려져 있지 않습니다.

이 마을의 북쪽에는 천수봉, 동쪽에는 용재봉, 남쪽에는 함박산이 마을을 에워싸고 있는데 마을 앞으로는 천내천이 흘러 이곳이 배산임수(背山臨水)의 명승지임을 느끼게 합니다.

그런데 무엇보다도 문중의 자녀는 물론 이웃마을의 자녀들에게도 학문을 익히게 할 목적으로 건립한 광거당(廣居堂)과, 문중 문고로는 전국에서 유일하게 8,500책, 2만여 권의 희귀본을 수집하여 교육활동에 활용한 인수문고(仁壽文庫)는 이 마을을 개척한 남평 문씨 문중의 큰 자랑이라 아니할 수 없습니다.

남평 문씨 본리 세거지(민속자료제3호)를 개척한 분은 고려말 서장관(書狀官)으로 원(元)에 갔다가 붓대 속에 목화씨를 몰래 가

겨와 소위 의류혁명(衣類革命)을 일으킨 삼우당 문익점(1331~1400) 선생의 후손인 인산재(仁山齋) 문경호(文敬鎬,1812~1874) 선생입니다.

인산재 선생은 풍수지리에도 밝아 땅의 기운이 허술한 서쪽부분을 보완하기 위해 비보책(裨補策)으로 소나무 숲을 조성하였습니다. 그리고 마을 한복판에는 선비가 많이 배출되라는 뜻을 담아 회화나무를 심기도 하였습니다.

이 마을에는 많은 인재들이 배출되었는데, 그 중에서도 수봉(壽峰) 문영박(文永樸, 1880~1930) 선생은 효행이 지극하였을 뿐만 아니라, 당대 큰 유학자인 조긍섭, 김택영 등과 교류하며《이대산

인흥마을 '인산재 문경호 선생 나무'

실기(李大山實記)》,《박만성문집(朴晚醒文集)》 등을 간행하여 지역의 문화 발전에 크게 기여하였습니다. 수봉 선생은 세상을 떠난 뒤 상해 임시정부로부터 '추조(追弔) 대한국춘추주옹(大韓國春秋主翁) 문장지선생지령(文章之先生之靈)'이라는 조문을 받을 만큼 임시정부에 비밀리에 독립 운동 자금을 보내는 등 국권 회복에도 크게 관여하였다고 합니다. '장지(章之)'는 수봉 선생의 다른이름입니다.

후손들이 수봉 선생을 기리기 위해 지은 수봉정사(壽峰精舍)의 편액을 독립선언문을 기초한 33인 중의 한 분인 오세창(吳世昌) 님이 써서 보내온 것을 보아도 수봉 선생이 얼마나 나라를 위해 애썼는가를 짐작할 수 있습니다.

인산재 선생의 후손으로서 최근 인물은 문태갑(전 서울신문사장), 문희갑(전 대구시장) 등이 있습니다.

이에 대구광역시에서는 이 마을 한복판 수봉정사 담 너머에 있는 우뚝 솟은 300여 년 된 회화나무를 '인산재 문경호 선생 나무'로 명명하여 입향조 인산재 선생을 기리고 있습니다.

회화나무는 우리나라 4대 장수목의 하나로 이 나무를 심으면 선비가 많이 난다하여 예부터 각 마을과 문중에 많이 심겨진 나무입니다. 그리하여 학자수(學者樹)라고도 하는데 서양에서도 '차이니스 스콜라 트리(Chinese Scholar tree)'라 하여 우리나라와 거의 비슷한 뜻으로 쓰이고 있습니다.

호를 따서 마을 이름을 짓다
서재 마을과 도여유 선생

성서 계명대학교에서 오른쪽으로 고개를 넘어가면 금호강을 바라보며 와룡산(臥龍山)을 뒤로 한 아담한 마을 서재리(鋤齋里)가 나타납니다. 이 마을 이름은 바로 달성 십현(達城 十賢) 중의 한 분이신 서재 도여유(鋤齋 都汝兪) 선생의 호에서 따온 것입니다.

선생은 향토의 선비로서 나라의 어려운 일에 여러 번 앞장서는 한편 예학(禮學)을 익혀 후학을 가르쳤는데 인품이 넉넉하여 따르는 제자가 많았습니다. 선생이 서당을 열고 제자들을 가르친 곳에 사람이 점점 몰려와서 마을이 형성되자 그의 호를 따서 마을 이름으로 삼은 것입니다.

서재(鋤齋)라는 이름이 예사롭지 않습니다. '서(鋤)'는 '호미' 혹은 '쟁기의 보습'을 일컫는 말이기도 하지만 '김을 매다', '잡것을 없애다'라는 뜻을 함께 가진 글자이고, '재(齋)'는 '집'이라는 뜻도 있지만 '씩씩하다', '정결하다', '꿋꿋하다'라는 뜻을 함께 가진 글자입니다. 이를 합쳐보면 '밭일을 부지런히 하면서 꿋꿋하게 살아가는 선비의 집'이라는 뜻도 되고, '잡것을 없애 마음을 정결히 가지게 하는 집'이라는 뜻도 됩니다.

그러니까 '서재리'는 대구의 서쪽에 있어서 '서재'가 아니라 도여유 선생의 호에서 비롯된 이름인 것입니다.

선생은 성주 도씨(星州 都氏) 18세손으로서 휘(諱; 죽은 뒤에 붙이는 이름)는 여유(汝兪)이고 자(字; 흔히 장가든 뒤에 성인으로서 본이름 대신 부르는 이름)는 해중(諧仲), 호(號; 어른이 되어 높여 부르는 이름)는 서재(鋤齋)입니다.

한강 정구(寒岡 鄭逑) 선생과 낙재 서사원(樂齋 徐思遠) 선생 밑에서 공부하였으며, 이괄(李适)의 난을 진압한 공으로 무공랑(務工郎)의 벼슬에 올랐습니다. 병자호란 때에도 나라를 구하기 위해 전투에 참여하였으며 전쟁이 끝나고서는 서재리에서 서원을 열고

서재 마을 입구의 표석

용호서원 정문 앞 도여유 나무(팽나무)

후진양성에 힘썼습니다.

도신수(都愼修) 등 아들 사형제가 모두 과거에 합격하여 조정에 나아갔으며 사람들의 존경을 받았습니다.

서재리에 있는 용호서원(龍湖書院)에는 조선 중기의 학자 도성유(都聖兪)와 도여유(都汝兪), 조선 중기의 문신 도신수(都愼修, 1598~1650) 등 3위를 배향(配享)하고 있습니다. 도여유는 도성유의 사촌동생으로 아들 도신수를 도성유에게 양자로 보내었는데 그 아들도 이처럼 훌륭하였던 것입니다.

도성유는 임진왜란이 일어나자 스승인 서사원을 따라 의병을 일으켜 군량을 모았을 뿐만 아니라, 학문에도 조예가 깊어 〈사서오경〉의 원리를 그림으로 설명한 〈오경체용합일도(五經體用合一圖)〉와 〈체용각분도(體用各分圖)〉를 만들었습니다.

도신수는 친아버지 도여유와 양아버지 도성유와 함께 서사원(徐思遠)과 정구(鄭逑) 선생으로부터 학문을 배웠으며, 1626년(인조 4년) 사마시(司馬試)를 거쳐 이듬해 식년문과(式年文科)에 급제, 여러 벼슬을 거친 다음 함흥부사(咸興府使)로 있으면서 선정을 베풀었습니다.

집안 모두가 학문을 깊이 익혔으며 나라를 위해 많은 공헌을 하였습니다.

훌륭한 사람의 이름을 따서 마을 이름을 짓는다면 영원히 교훈이 될 것입니다.

서재리에 가면 산중턱에 용호서원(龍湖書院)이 있고 그 앞에 아름드리 팽나무 한 그루가 문 앞을 지키고 있습니다. 아마도 서원이 지어질 무렵 심은 것이 아닌가 합니다. 이에 이 나무를 '서재 도여유 나무'로 명명하고 도여유 선생의 인품과 학덕을 기리고자 합니다.

팽나무는 매우 후덕한 느낌을 주는 나무입니다. 특히 어린잎은 나물로 먹을 수 있고 붉게 익은 열매도 따먹을 수 있습니다. 이 열매가 채 익기 전인 초여름에 작은 대나무 대롱의 아래와 위에 초록색 팽나무 열매를 한 알씩 밀어 넣고 한쪽에 대나무 꼬챙이를 꽂아 탁 치면 반대쪽의 팽나무 열매가 멀리 날아가게 됩니다. 이 것을 팽총이라고 했는데, 이 때 '팽~' 하고 날아가는 소리가 난다고 해서 팽나무가 되었다는 이야기도 있습니다. 그런데 지역에 따라 포구나무, 평나무, 달주나무, 게팽, 매태나무 등 다르게 불리기도 합니다. 서양의 속명 Celtis는 '단맛의 열매가 달리는 나무'라는 뜻을 가진 고대 라틴어 이름에서 유래했다고 합니다.